人力资源开发与管理建设

张伟　高君　纪超　著

广东旅游出版社
GUANGDONG TRAVEL & TOURISM PRESS
悦读书·悦旅行·悦享人生

中国·广州

图书在版编目（ＣＩＰ）数据

人力资源开发与管理建设 / 张伟，高君，纪超著．

广州 ：广东旅游出版社，2025. 4. -- ISBN 978-7-5570-
3590-7

Ⅰ．F241；F243

中国国家版本馆 CIP 数据核字第 2025CH0607 号

出 版 人：刘志松
责任编辑：魏智宏　黎　娜
封面设计：刘梦杏
责任校对：李瑞苑
责任技编：冼志良

人力资源开发与管理建设
RENLI ZIYUAN KAIFA YU GUANLI JIANSHE

广东旅游出版社出版发行

（广东省广州市荔湾区沙面北街 71 号首、二层）

邮编：510130

电话：020-87347732（总编室）　020-87348887（销售热线）

投稿邮箱：2026542779@qq.com

印刷：廊坊市海涛印刷有限公司

地址：廊坊市安次区码头镇金官屯村

开本：710 毫米 × 1000 毫米　16 开

字数：203 千字

印张：12

版次：2025 年 4 月第 1 版

印次：2025 年 4 月第 1 次

定价：58.00 元

在当今竞争激烈且瞬息万变的时代，人力资源已然成为组织发展的核心驱动力。无论是追求基业长青的大型组织，还是怀揣创新梦想的初创团队，抑或是肩负社会责任的非营利组织，都深刻认识到人力资源开发与管理的关键作用。本书《人力资源开发与管理建设》正是顺应这一时代需求，旨在为各类组织提供全面、系统且具前瞻性的人力资源开发与管理指南。

本书开篇深入阐述人力资源开发与管理的基础认知，从内涵范畴到历史演进，帮助读者全面理解这一领域的来龙去脉，并清晰把握关键要素的整合逻辑。随后，各章节围绕人力资源管理的核心流程展开，涵盖人力资源规划与配置、培训管理、人才培育、绩效管理与激励机制等内容。通过详细解读与实践指导，为组织搭建科学合理的人力资源管理体系提供理论支持与操作方法。

组织文化与员工关系作为组织发展的软实力，在本书中亦得到重点关注。本书阐述了组织文化的建设与传播路径，以及如何运用员工关系管理理论提升员工满意度与忠诚度，助力组织营造积极向上、团结协作的工作氛围。

此外，本书紧跟时代潮流，还对人力资源开发管理的前沿趋势进行展望，探讨数字化浪潮下的人力资源变革，以及国际化视野拓展带来的机遇与挑战，为组织应对未来不确定性提供战略思考方向。

本书既适合人力资源管理专业人士深入学习与实践参考，也可为组织管理者、创业者及相关领域学者提供有益的借鉴。希望本书能帮助读者更好地理解和应用人力资源开发与管理的理念与方法，推动组织实现可持续发展，在激烈的市场竞争中脱颖而出。

目录
CONTENTS ▶

第一章　人力资源开发与管理基础认知

第一节　人力资源开发与管理的内涵与范畴

在当今多元化的各类组织中，无论是规模宏大的跨国集团、充满活力的创业团队，还是致力于公益的社会组织、蓬勃发展的教育机构，人力资源开发与管理都占据着举足轻重的关键地位。它宛如组织前行的动力引擎，源源不断地为组织注入活力，促使组织朝着既定目标稳步迈进。

从本质上讲，人力资源开发与管理聚焦于组织内部最为核心的要素——人。人是具备无限创造力与潜能的个体，他们会聚于组织麾下，如何将这些潜能充分挖掘，如何让个体之间相互协作、形成合力，便成为人力资源开发与管理的核心命题。它并非简单的人员调配与任务分配，而是一门深入探究如何激发人的主观能动性、提升人的专业素养、塑造积极向上团队文化的精妙学问。通过科学有效的人力资源开发与管理，组织得以精准识别不同人员的优劣势，将合适的人安置在适配的岗位，为他们量身定制成长路径，进而使组织中的每一个环节都高效运转，最终达成组织的战略愿景，在激烈的竞争浪潮中稳健航行，不断开拓进取。以下将深入剖析其丰富内涵与广泛范畴，展现这一领域的独特魅力与深远价值。

一、人力资源开发与管理的内涵

(一)人力资源的概念剖析

人力资源，从最直观的层面理解，是指能够推动整个经济和社会发展、具有智力劳动和体力劳动能力的人们的总和。它涵盖了人的体力、智力、知识、技能以及由此衍生出的创造力等诸多方面。若从能力的视角出发，人力资源代表着个体所具备的运用知识、施展技能以解决实际问题、达成任务目标的潜在与现实能力。这种能力并非静态固定，而是随着个体的学习、实践以及经验积累不断动态演进。例如，一位初入职场的新手程序员，最初可能仅掌握基础的编程语法，但在持续参与项目开发、研读前沿技术资料、与同行交流切磋的过程中，其编程能力、架构设计能力以及问题排查能力会逐步提升，人力资源得以不断丰富拓展。

换从人的角度剖析，人力资源就是作为组织成员，能够为组织贡献力量、创造价值的具体个体集合。这些个体因其独特的性格、价值观、成长背景，各自蕴含着差异化的潜能与优势，等待着被挖掘与激发。在一个创新设计团队中，有的成员思维天马行空，擅长提出别具一格的创意概念；有的成员则精于将抽象创意具象化，运用设计软件制作出精美视觉稿；还有的成员在沟通协调方面天赋异禀，能精准对接客户需求、顺畅整合团队意见，他们共同构成团队丰富多元的人力资源宝库[①]。

人力资源在数量和质量上有着各自的影响因素。数量方面，人口总量、人口年龄结构、人口性别比例等宏观因素起着基础性制约作用。在一个年轻人口占比较高的群体环境里，潜在的人力资源数量相对充裕，能为各类组织提供充足的劳动力后备池。但单纯的数量优势并不足以保障高效产出，人力资源质量同样关键。教育水平是提升质量的核心驱动力，接受高等教育、专业技能培训的人群，往往能凭借深厚的知识储备、精湛的专业技能，在工作中展现出更高效率与创新能力。此外，健康状况决定着人力资源的可持续性，身心强健的个体能够长期稳定地为组织发光发热；而工作经验如同精细打磨的利刃，让从业者在应对复杂任务、突发状况时更加得心应手，使人力资源质量得以升华。

进一步探究，人力资源还具有一系列特殊性质。其生命周期性与人类成长发展轨迹紧密相依，从懵懂青涩的职场新人，逐步成长为经验丰富的骨干中坚，直至步入职业暮年，不同阶段呈现出各异的体力、精力、知识吸纳与创新产出能力，这要求组织依据阶段特性合理开发利用。能动性更是人力资源的灵魂所在，与物质资源的被动性截然不同，人能够主动思考、自我激励、自发规划职业生涯，积极探寻实现自我价值之路，主动为组织排忧解难、创造惊喜。再生性则赋予人力资源不竭动力，人在工作之余通过休息、学习能

---

① 赵英云. 新经济人力资源开发与管理的战略特征 [J]. 上海商业，2024(10):193-195.

快速恢复精力、更新知识，宛如干涸土地重获甘霖，持续焕发生机。同时，人力资源具备增值性，随着知识积累、技能精进，个体创造价值的能力呈指数级攀升，为组织带来丰厚回报。最后，人作为社会性动物，人力资源天然携带社会性烙印，个体的行为决策、价值取向深受所处社会文化、人际关系网络影响，组织必须考量这一因素，营造适配的文化氛围促进协同发展。

（二）人力资源开发的要义

人力资源开发本质上是运用科学系统方法，深度挖掘团队成员潜能，全面提升成员素质，以满足团队当下及未来发展需求的动态过程。它并非简单的一次性培训活动，而是贯穿成员职业生涯，从初入团队的入职引导，到成长阶段的技能提升、知识拓展，再到成熟阶段的领导力培养、综合素养提升，循序渐进。

以一个新组建的文化研究团队为例，新入职的研究人员虽具备一定的专业基础知识，但对团队特定研究领域的深度和广度了解不足。团队通过组织内部培训课程，邀请资深专家分享研究经验，安排实地调研和案例分析活动，让新成员在短期内熟悉研究方向、掌握前沿研究方法，这是人力资源开发在知识技能层面的初步实践。随着成员成长，为拓宽其学术视野，团队选派优秀成员参加行业高端研讨会，资助其参与专业领域的深度进修课程，助力他们站在学科前沿探索创新，为团队攻克研究难题储备力量，进一步拓展人力资源开发的深度与广度。

人力资源开发的目标明确且多元。一方面，关注成员个体成长，助力成员突破职业发展瓶颈，实现自我价值。当成员感受到团队对自身成长的关心与支持，会增强归属感与忠诚度，以更积极的态度回馈团队。另一方面，紧密围绕团队战略目标。在竞争激烈的环境中，团队需根据形势变化调整战略布局，人力资源开发确保成员能力与时俱进，随时为新研究项目开展、新领域探索贡献力量，保障团队在变革中稳步前进。

在实际操作中，人力资源开发有多种有效方式。培训是常见且直接的手段，包括新成员入职培训，帮助新人快速融入团队环境、了解规章制度与基本工作流程；岗位技能培训针对不同岗位需求，如研究方法培训、数据分析培训等，让成员胜任本职工作；管理培训则面向有晋升潜力的人才，培养领导决策、团队协调等管理能力。教育侧重于知识体系的系统性构建，团队鼓励成员参加在职学历教育、专业资格认证学习，为长远发展奠定基础。职业发展规划也很关键，管理者与成员一对一沟通，依据成员兴趣、能力和职业愿景，制定短期目标与长期发展规划，引导成员朝着理想方向前进。

（三）人力资源管理的内涵解读

人力资源管理，是以组织战略目标为导向，运用规划、招聘、培训、绩效评估、薪酬福利、员工关系等一系列职能模块，对组织内人力资源进行全方位规划、获取、整合、激励以及维护，确保人力要素与组织其他资源要素完美协同，最大化发挥人力资源效能，驱动组织持续发展。

当一个文化传承与推广团队计划拓展业务范围，开展新的文化项目时，人力资源管理需提前规划。通过精准的人力资源规划，预估新项目所需的研究人员、策划人员、推广人员等各类岗位数量，结合人才市场供需情况、人力成本变化趋势，制订合理的人才储备与招聘计划。招聘环节严格筛选，选拔出专业知识扎实、创新能力强、具备团队协作精神的优秀人才；入职后，针对性培训随即展开，让新成员熟悉团队文化、掌握项目标准化操作流程。在日常工作中，科学的绩效考核体系实时评估成员工作表现，对业绩突出的成员给予奖励，对需要提升的成员提供辅导；合理的薪酬福利体系不仅保障成员的基本生活，还通过奖金、荣誉激励等方式激发成员的积极性。同时，妥善处理成员关系，营造和谐的工作氛围，降低人员流失风险，为团队业务拓展提供支持。

相较于传统人事管理，人力资源管理实现了质的提升。传统人事多专注于事务性工作，如成员考勤、档案管理、薪资核算等基础流程，被动满足团队需求。而人力资源管理主动参与，深度融入团队战略决策，依据战略方向动态调整人力配置策略，成为团队发展的"战略伙伴"。它尊重成员个性差异，将成员视为团队最宝贵的资产，通过激发成员潜能、塑造积极团队文化，凝聚团队力量，共同实现团队目标。

具体而言，人力资源管理具有显著特性。综合性贯穿始终，融合管理学、心理学、社会学、法学等多学科知识，从不同角度洞察人性、优化管理流程、规避法律风险，构建坚实管理基础。实践性要求管理者深入一线，敏锐发现团队实际问题，灵活运用管理工具解决，而非空谈理论。整体性强调人力资源管理各职能模块相互依存，规划为招聘指明方向，培训为绩效提升助力，绩效结果反馈优化薪酬福利与培训体系，相互影响。社会性凸显团队作为社会单元，其人力资源管理受社会文化、道德伦理、政策法规影响，须顺应形势，才能稳健发展。

二、人力资源开发与管理的范畴

(一) 人力资源规划

人力资源规划在人力资源开发与管理体系中占据首要地位，具有极强的前瞻性与系统性。它以组织的战略目标、业务拓展规划以及内外部环境的动态变化为依据，对未来一段时间内组织所需人力资源的数量、质量和结构展开科学预测，并据此制订出相应的获取、配置、开发及保留计划。其目的在于确保组织在各个发展阶段，都能拥有数量恰当、质量过硬的人才队伍，满足业务运行的实际需求，实现人力资源供给与需求的动态平衡。

比如，一个致力于文化传承与创新的机构，计划在未来一年内举办一系列大型文化活动，涉及多个全新领域，如国际文化交流展览、传统文化数字化推广项目等。这无疑会使业务量急剧增加，原有的人员配置难以满足新的发展需求。在此情形下，人力资源规划就显得尤为关键。通过深入分析新业务的流程和岗位需求，结合以往活动的开展数据、行业内的人力效率标准等，精准预估出所需新增的岗位类别和数量。例如，活动策划专员可能需要新增30名，负责活动方案的策划与执行；文化推广人员新增25名，承担活动的宣传推广工作；数字化技术支持人员新增15名，保障传统文化数字化项目的顺利推进。同时，鉴于新业务对专业技能的特殊要求，如国际文化交流展览需要工作人员具备很强的外语听说读写能力，熟悉不同国家的文化习俗，对人才质量做出了明确界定。在结构规划方面，依据不同项目的业务比重和协同需求，合理确定各层级人员的比例，确保团队协作高效流畅。

为实现精准的人力资源供需预测，组织通常会采用多种方法。在定性方法中，经验判断法依赖资深管理者和业务骨干的行业洞察力与实践经验。他们凭借对组织过往发展历程、市场变化规律的深刻理解，对未来人力需求做出直观判断。例如，一位在文化领域深耕多年的活动策划主管，依据以往举办大型活动的经验，能够大致估算出开展新活动初期所需的策划人力规模。德尔菲法借助专家匿名函询、多轮反馈的方式，汇聚群体智慧，避免单一专家的认知局限，使预测结果更具科学性。在定量方法里，趋势分析法基于历史数据，运用统计模型描绘人力需求随时间变化的趋势曲线，进而外推未来需求。例如，根据机构过去五年举办文化活动的规模与工作人员数量的关联数据，拟合出线性回归方程，以此预测未来特定活动规模下的人员配备。回归分析法通过探寻人力需求与诸多影响因素，如活动规模、受众范围、项目复杂度等之间的量化关系，构建多元回归模型，为复杂业务场景下的人力规划提供精准依据。这些方法相互补充、有机结合，为人力资源规划奠定坚实基础，为组织的稳定发展铺就道路。

（二）招聘与选拔

招聘与选拔是组织为填补岗位空缺、充实人才队伍而开展的关键工作。它依据人力资源规划，通过各种渠道广泛吸引潜在候选人，并运用科学的筛选手段，从众多应聘者中挑选出最符合岗位要求、最能融入组织文化的人才。这一过程犹如一座桥梁，连接着组织外部的人才市场与内部的岗位需求，为组织注入新鲜活力，带来创新思维与发展动力。

以一个专注于学术研究的机构为例，当有新的研究员岗位空缺时，招聘团队会迅速启动招聘流程。一方面，充分利用线上招聘平台，如在专业学术人才聚集的网站、论坛等发布极具吸引力的招聘启事，详细阐述岗位的职责要求（如具备扎实的专业理论基础、有独立承担科研项目的能力、在核心期刊发表过相关研究成果等），以及机构提供的优厚待遇（如具有竞争力的薪资、完善的科研支持体系、良好的职业发展空间等）。另一方面，积极参与线下学术会议、高校校园招聘活动，在现场设置展位，展示机构的科研成果、团队风采，与潜在人才进行面对面的交流，挖掘那些尚未在网络平台崭露头角的优秀人才。

选拔环节严谨细致，多种方法综合运用以确保选才的精准性。笔试环节针对岗位所需的专业知识，如学科前沿理论、研究方法等进行深度考查，筛选出具备扎实理论基础的应聘者。面试则形式多样，结构化面试依据预先设定的标准化问题框架，全面了解候选人的专业技能、沟通能力、应变能力等通用素质。行为面试聚焦候选人过去的科研工作表现，通过询问"请描述一次你在科研项目中克服重大难题的经历"等问题，以过往表现推断未来潜力，预判其在新岗位的工作表现。学术面试由机构内部资深专家把关，围绕实际科研课题抛出学术难题，检验候选人的科研实战能力。此外，背景调查必不可少，通过联系候选人的导师、前同事等，核实其科研经历、学术成果、职业道德等关键信息，确保入职人员德才兼备。整个招聘选拔流程环环相扣，从海量信息中精准识别出那颗闪耀的"人才之星"，为组织的发展添砖加瓦。

（三）培训与开发

培训与开发紧密围绕员工个体成长与组织战略升级需求，精心设计并实施各类培训课程和学习项目，为员工提供持续学习、提升能力素质的机会。它将组织的发展愿景细化为员工可实现的成长路径，激发员工的内在潜能，使员工在为组织创造价值的同时实现自我超越，推动组织在知识更新、技术创新、管理变革的浪潮中不断前行。

在一个传统公共服务机构向现代化、智能化服务转型的过程中，培训与开发成为变革的关键驱动力。针对基层一线员工，大力开展服务技能提升培训，邀请行业专家现场讲解新型服务模式的操作要点、沟通技巧，通过理论授课与实际演练相结合的方式，让员工快速掌握新的服务技能，减少因服务模式转变带来的工作阻碍，提升服务质量和效率。对于中层管理人员，着重推进管理理念更新与数字化管理工具应用培训，组织参加现代管理理念、信息系统管理等课程，帮助他们优化工作流程、精准管控工作进度与质量，以适应智能化时代对精细化管理的要求。

面向组织未来发展需求，还会定制开发前瞻性项目。例如，选派有潜力的员工参加大数据、人工智能在公共服务领域应用等前沿领域的外部培训课程，学习如何利用数据分析优化服务流程、运用智能技术提升服务体验等先进技术，学成归来后组建内部创新团队，攻克技术难题，为机构打造智能化服务示范窗口，逐步推动全机构范围的智能化转型，将培训成果切实转化为组织的核心竞争力。在培训实施过程中，注重培训需求分析，精准定位不同层级、岗位员工的能力短板；精心挑选优质培训师资，内外结合确保教学质量；灵活采用线上线下融合的教学模式，适应员工多样化的学习习惯；强化培训效果评估，依据学员反馈、知识掌握测试、实际工作绩效提升等多维度指标，持续优化培训体系，让培训与开发成为组织与员工共同成长的坚实阶梯。

（四）绩效管理

绩效管理是组织构建科学合理的绩效指标体系，定期对员工的工作表现、任务完成情况进行客观评估，并及时给予反馈与激励的动态管理过程。其目的在于激发员工的工作积极性和主动性，引导员工持续改进工作方法、提升工作绩效，最终实现员工个人绩效与组织整体绩效的协同提升，保障组织战略目标的顺利实现。

某文化传播机构的绩效管理独具特色。针对内容创作岗位，设定的绩效指标涵盖多个维度：内容的创新性，要求能创作出独特新颖、吸引受众的文化作品，依据受众反馈、业内评价打分；项目执行进度控制，确保创作项目按时推进、各环节紧密衔接，延误则按比例扣减绩效；传播效果，以作品的阅读量、点赞数、转发数等关键数据为衡量标准，直观反映创作工作对文化传播的实际推动价值。通过数据分析工具实时跟踪这些指标，每月进行一次绩效评估。

在反馈环节，上级主管与员工进行一对一的深入沟通。对于绩效优秀的员工，详细剖析其亮点工作，给予充分肯定与精神激励，同时分享行业优秀案例，指引其进一步提升的方向；对于绩效有待提升的员工，以问题解决为导向，共同剖析原因，如创作灵感不足是由于素材积累不够还是思维局限，协助制订改进计划，明确下一阶段的目标与行动步骤。激励措施丰富多样，绩效奖金直接与考核结果挂钩，拉开收入差距，激发员工的竞争意识；荣誉表彰，评选月度、季度"最佳创作者"，在机构内部进行宣传推广，满足员工的成就感需求；晋升机会向高绩效员工倾斜，为他们开辟职业上升通道，让绩效管理真正成为员工成长的"助推器"、组织发展的"指挥棒"。

（五）薪酬与福利管理

薪酬与福利管理致力于设计一套公平合理、富有竞争力的薪酬福利体系，精准衡量员工的工作价值，以物质回报的形式充分肯定员工的付出。其作用在于吸引外部优秀人才加入、激励内部员工努力奋进、留住核心骨干人才，同时保障员工的基本生活需求，提升员工的生活品质，增强员工对组织的认同感与归属感，为组织的稳定发展奠定坚实基础。

一家知名科研机构在薪酬与福利管理方面下足了功夫。薪酬结构上，基本工资依据岗位价值评估确定，综合考虑岗位所需的专业知识、技能难度、责任风险等因素，确保不同岗位的基本工资水平合理拉开差距，体现内部公平性；绩效奖金与个人、团队、部门绩效紧密挂钩，按季度、年度考核结果发放，当团队成功完成重大科研项目、为机构带来显著成果时，成员能获得丰厚奖金，激发团队的协作与拼搏精神；年终奖金则根据机构全年的业绩表现、个人年度综合绩效评定，对全年表现卓越的员工给予额外嘉奖。

福利种类丰富多样，法定福利严格落实，五险一金足额缴纳，让员工无后顾之忧；补充商业保险为员工及其家人提供更全面的健康保障，如重疾险、意外险等；带薪年假、病假远超法定标准，员工可灵活安排休息时间，平衡工作与生活；节日福利、生日福利定期送上温馨祝福，增强情感纽带；针对员工的职业发展需求，提供高额培训补贴、专业资格认证费用报销，助力员工持续成长。同时，定期开展薪酬福利市场调研，对标同行业其他机构，确保整体薪酬福利水平具有竞争力，让员工切实感受到自身价值得到尊重与回报，全心全意地为组织发展贡献力量。

(六) 员工关系管理

员工关系管理聚焦于营造积极和谐、团结奋进的工作氛围，搭建畅通无阻的沟通桥梁，妥善处理员工之间、员工与组织之间可能出现的矛盾纠纷。其目的在于促进员工之间的相互理解、支持与协作，强化员工对组织的认同感、满意度与忠诚度，使组织成为员工心灵归属的温馨家园，凝聚全员力量共克时艰、共创辉煌。

在一家大型教育研究机构，员工关系管理亮点突出。沟通渠道多元且便捷，线上搭建内部交流平台，员工可随时与跨部门同事、上级领导交流工作问题、分享教学研究心得；设立线上意见箱，鼓励员工匿名反馈工作中的痛点、对组织管理的建议，人力资源部门定期整理分析，及时回应解决；线下定期组织跨部门沟通会、项目研讨会，大家围坐一堂，畅所欲言，共同剖析项目得失，促进知识共享与协同优化。

团队建设活动丰富多彩，每月组织户外拓展活动，通过趣味竞赛、团队合作游戏等形式，打破部门壁垒，培养团队默契；针对员工的兴趣爱好，成立各类社团俱乐部，如书法俱乐部、摄影俱乐部、读书俱乐部等，员工在业余时间相聚交流，释放工作压力，增进情感交流。纠纷处理机制公正透明，当员工之间出现工作分歧、利益冲突时，人力资源部门迅速介入，秉持公平公正的原则，依据机构规章制度、相关法律法规，通过调解、协商等方式化解矛盾，让员工感受到组织的关怀与公正，维护和谐稳定的工作秩序，为机构的创新发展注入源源不断的正能量。

三、人力资源开发与管理的关系

(一) 相辅相成的协同关系

人力资源开发与管理宛如车之两轮、鸟之双翼，紧密相连、协同共进。开发为管理输送源源不断的高素质人才，恰似为精密仪器注入高性能零件，让组织运转得更加顺畅高效。当组织通过系统培训提升了员工专业技能，员工便能在岗位上游刃有余，管理的指令得以精准执行，各项任务按时优质完成，为组织带来直接效益。

反之，管理为开发营造优良环境，提供坚实保障。科学合理的绩效管理让员工清楚努力方向，薪酬福利管理解决员工后顾之忧，员工关系管理营造和谐氛围，这些都如同肥沃土壤，让开发的种子茁壮成长。比如，一家创新型科技公司，人力资源管理部门依据员工绩效评估结果，精准识别员工技能短板与发展潜能，为员工量身定制个性化培训计划，开启人力资源开发进程；而随着员工技能提升、创新能力迸发，人力资源管理部门又及时调整薪酬激励策略，优化岗位配置，让员工在最适配岗位发光发热，进一步激发员工参与开发的热情，两者形成良性闭环，推动组织蓬勃发展，达成组织与员工的双赢局面。

(二) 侧重点的差异体现

人力资源开发侧重于挖掘人的潜能，着眼于未来长远发展。它如同一位高瞻远瞩的领航员，引领组织提前布局人才储备。在新兴技术领域，如人工智能、量子计算崭露头角之际，组织前瞻性地开展相关技术培训、学术研讨活动，鼓励员工探索未知，为即将到来的技术变革浪潮积蓄力量。开发更关注个体成长轨迹，依据员工不同阶段需求，提供从基础技能夯实到领导力进阶的全方位成长阶梯，助力员工突破职业天花板，实现自我价值最大化。

人力资源管理则聚焦于当下组织运行的实际需求，是确保日常运营平稳有序的"大管家"。它重点关注人员的合理调配，确保各岗位人员适配、人岗相适，避免人才错配造成的效率损耗；严格把控绩效产出，通过严谨考核机制督促员工按时保质地完成工作任务；精细管理薪酬福利，平衡内部公平与外部竞争，以物质激励激发员工当下工作热情。例如在电商购物旺季，人力资源管理部门迅速调配仓储、物流、客服等关键岗位人力，优化排班制度，实时监控绩效指标，及时发放激励奖金，保障业务高峰平稳过渡，满足当下业务激增需求，为组织守住当下业绩根基。

四、范畴解析：全方位覆盖的人力运作蓝图

(一) 人力资源规划：布局人力，领航未来

人力资源规划仿若精密航海图，为组织在人力资源的浩瀚海洋中精准导航。它紧密依据组织战略目标、业务拓展方向以及内外部环境动态变化，运用科学预测方法，对未来一段时间内人力资源的需求数量、质量、结构等关键要素进行系统估算。

一方面，深度剖析组织现有业务流程与项目规划，明确各岗位所需人才专业技能、工作经验、知识储备，结合业务增长预期，预测不同阶段新增岗位与人员需求数量，确保人力供给与业务扩张节奏协同一致；另一方面，综合考量员工自然流失率、退休情况、内部转岗流动等因素，精准评估人力损耗，从而制订出详尽且具前瞻性的人力资源补充、调配与储备方案。

以一个文化创意机构为例，该机构成立初期聚焦传统文化创意产品设计，人力规划侧重招募设计师、工艺师等专业人才；随着业务拓展，文化活动策划、市场营销等岗位需求激增，人力规划提前布局，通过校园招聘、社会招聘及人才猎取等多元渠道引入新鲜血液，同时为员工制定个性化职业发

展路径，搭建人才梯队，为机构持续创新、拓展业务提供坚实人力根基，保障组织在不同发展阶段都能行稳致远。

（二）招聘与选拔：广纳贤才，精准匹配

招聘与选拔环节恰似组织的"星探"，肩负着从茫茫人海中甄别、吸引与组织适配的人才的重任。在当今多元且开放的人才市场，招聘渠道日益丰富，传统招聘网站、社交媒体平台、专业人才论坛、校园招聘等各显神通。

组织依据岗位特性、人才画像，有针对性地选择招聘阵地，如高端文化研究岗位瞄准行业学术论坛挖掘资深专家，基础服务岗位借助劳务市场、线上零工平台吸纳合适人员。选拔过程则是一场全方位"人才大考"，从简历初筛的学历、工作经历匹配度审查，到笔试环节专业知识、技能水平量化测评，再到面试阶段综合考察沟通表达、应变能力、团队协作精神以及与组织文化契合度，部分关键岗位还引入测评中心技术，通过模拟工作场景、角色扮演等实战演练深度洞察候选人潜在特质与岗位胜任力，力求为每个岗位觅得最佳人选，为组织注入蓬勃发展新动力。

（三）培训与开发：雕琢璞玉，铸就精英

培训与开发如同技艺精湛的工匠，针对组织内不同层级、岗位员工的成长需求与能力短板，精心设计、雕琢个性化成长路径。新员工入职培训是职场"第一课"，通过组织文化宣讲、规章制度解读、基础业务流程介绍，助其快速融入组织，熟悉工作环境；岗位技能培训紧密围绕岗位操作规范、专业工具使用、新技术应用等要点，以内部资深员工作为"导师"言传身教，或邀请外部专家举办专题讲座、实操演练，助力员工提升专业精深度，如文化修复岗位为员工开展文物修复技术培训提升修复质量与效率。

管理培训聚焦领导力提升、团队建设、决策优化等软技能锻造，以案例研讨、沙盘模拟、行动学习等沉浸式学习方式，为组织储备管理人才；职业素养培训着眼于沟通协作、时间管理、情绪智力等综合素质打磨，全方位塑造复合型人才。并且，培训后持续跟进效果评估，依据反馈优化课程体系，搭建学习分享平台，激发员工自我成长内生动力，让培训成果切实转化为组织绩效提升的"助推器"。

（四）绩效管理：精准评估，激发潜能

绩效管理宛如精准天平，建立起科学、客观、公正的衡量体系，对员工工作表现与业绩成果进行量化评定，旨在激发员工无限潜能，实现组织与个人目标双赢。

绩效计划制订环节，上级主管与员工深度沟通，依据组织战略层层分解目标，结合岗位说明书细化个人关键绩效指标（KPI）与工作任务，确保员工清晰知晓努力方向；绩效实施过程中，主管密切跟踪进展，定期沟通反馈，及时协助解决难题，为员工提供资源支持与辅导指引，保障工作按计划推进；绩效考核阶段，运用360度评估、关键事件法、目标与关键成果法（OKR）等多元化评估工具，从上级、平级、下级多视角收集信息，全面考量工作成果、工作态度、能力提升等维度，给出客观公正评价；绩效反馈面谈则是心灵"桥梁"，主管与员工面对面剖析成绩与不足，共同制订改进计划，表彰优秀、激励后进，将绩效结果与薪酬调整、晋升机会、培训发展紧密挂钩，让绩效管理成为员工成长"发动机"，驱动组织高效前行。

（五）薪酬管理：公平回报，激励奋进

薪酬管理恰似组织的"激励魔方"，精心设计每一面，力求达成外部竞争力、内部公平性与个体激励性的精妙平衡。

薪酬设计初期，展开广泛市场调研，对标同行业、同地区、同规模组织薪酬水平，确保关键岗位薪酬具备吸引力，能在人才抢夺战中脱颖而出；岗位价值评估是内部公平基石，综合考量岗位所需知识技能、工作复杂度、责任风险、决策影响力等因素，构建合理薪酬等级架构，使不同岗位薪酬差异有理有据；绩效薪酬关联则为激励"催化剂"，依员工绩效表现动态调整薪酬，高绩效者获得丰厚回报，形成鲜明激励导向，激发员工奋进拼搏。

同时，福利体系作为薪酬"柔性补充"，涵盖法定福利、补充商业保险、带薪年假、弹性工作制度、节日关怀、员工健康计划等多元项目，全方位满足员工不同层次需求，增强其归属感与忠诚度，让薪酬福利成为组织凝聚人才的"强磁场"。

（六）员工关系管理：营造和谐，凝聚力量

员工关系管理如同温暖阳光，照耀组织每个角落，致力于营造和谐融洽、积极向上的组织氛围，化解矛盾冲突，凝聚团队力量。

日常工作中，通过组织丰富多彩的团建活动、员工生日会、文化节等，增进员工间情感交流，打破部门壁垒，培育团队默契与协作精神；搭建畅通无阻的沟通平台，如线上论坛、线下座谈会、意见箱等，鼓励员工分享想法、反馈问题，管理层及时倾听回应，让员工声音被听见、诉求得解决；劳动纠纷预防与处理机制是"安全阀"，密切关注劳动法规政策动态，规范用工流程，提前化解潜在纠纷风险，一旦争议出现，秉持公平公正原则依法依规协商调解，维护员工合法权益与组织正常秩序；员工关怀体系从职业发展困惑疏导、生活困难帮扶、心理健康呵护等细微处入手，传递组织温暖，让员工感受尊重与关爱，产生敬业爱岗热情，为组织发展倾心竭力。

人力资源开发与管理内涵丰富、范畴广泛，二者相辅相成，共同构成组织发展的核心驱动力。它围绕人力资源的挖掘、培育、配置与维护，涵盖从战略规划到员工日常关怀各个环节，充分彰显人在组织中的关键价值。

在时代发展浪潮下，人力资源开发与管理持续演进，紧密贴合科技进步、社会变迁，为组织注入创新活力，凝聚团队向心力。展望未来，人力资源开发与管理将向着更加数字化、个性化、战略化方向发展，持续助力组织在复杂多变的环境中乘风破浪，稳健前行。故而，各类组织务必深化对其理解与运用，不断优化提升，方能在激烈竞争中脱颖而出，铸就辉煌成就。

第二节　人力资源开发与管理的关键要素整合

一、人力资源开发与管理的重要基石

在当今竞争激烈、充满变数的环境中，人力资源开发与管理已成为各类组织迈向成功的关键要素。它绝非简单的人员调配与事务性管理，而是一个涵盖精准规划、精细开发、优化配置以及科学评估的系统性工程，旨在充分挖掘人的潜能，实现组织与个人的协同发展。

从定义上看，人力资源开发着重于通过系统培训、教育深造、实践锻炼等多元途径，全方位提升人员的知识储备、专业技能以及综合素质，为组织培育高素质人才梯队，注入源源不断的发展动力；而人力资源管理侧重于依据组织战略目标，对人员的招募选拔、岗位安排、绩效评定、薪酬激励以及劳动关系等环节进行合理管控与精心协调，营造良好的组织生态，保障各项工作的高效推进[①]。

二、核心关键要素剖析

(一) 多元且高效的招聘选拔

招聘选拔是组织吸纳优秀人才、推动事业发展的关键环节。在信息爆炸的当下，单一招聘途径难以满足人才需求，需整合线上招聘平台、校园招聘活动、专业人才机构合作等多种方式，广泛招揽人才。同时，构建科学严谨的选拔体系极为重要，依据岗位特点制定明确的任职标准，包括专业知识、技能专长、核心素养等方面；运用笔试、面试、测评、实操考核等多种手段，全面考查候选人的真实能力，确保选拔出的人才既符合岗位需求，又能与组织文化高度契合，为组织发展提供强大动力。

(二) 系统且个性化的培训发展

培训与发展是员工成长、组织提升的重要推动力。秉持因材施教的理念，根据员工的岗位需求、技能短板、职业规划制订个性化培训方案，内容涵盖前沿知识、实操技能、管理策略等多个模块，形式包括内部集中培训、外部进修学习、在线课程学习、导师一对一指导等多种形式，让培训精准满足员工需求。同时，为员工精心规划职业晋升路径，搭建从基层岗位到管理岗位、专家岗位的多通道发展体系，配套绩效评估、岗位轮换、晋升激励等机制，激发员工自我提升的内在动力，实现员工成长与组织发展的相互促进。

以科研部门为例，对于新入职的科研人员，为其安排经验丰富的导师，帮助他们尽快熟悉科研流程和团队文化。根据科研项目的需求和员工的专业

① 林萍. 信息化背景下人力资源管理的改革和创新 [J]. 老字号品牌营销,2022(6):57-58.

方向，提供有针对性的培训课程，如参加行业研讨会、学习先进的实验技术等。同时，为有管理潜力的科研人员提供管理培训课程，帮助他们提升团队管理能力，为未来承担科研项目管理工作做好准备。

（三）合理且有吸引力的薪酬福利

薪酬福利作为员工价值回报的直接体现，直接影响员工的工作积极性和职业选择。设计科学合理的薪酬架构，遵循外部竞争力和内部公平性原则，参考市场行情合理确定薪酬水平，根据岗位价值、绩效表现、能力层级细致划分薪酬档次，确保员工的付出与回报成正比；同时，丰富福利体系，除法定福利外，增设补充商业保险、健康体检、带薪休假、弹性工作制度、节日慰问、团队建设活动等多样化福利项目，全方位满足员工的物质和精神需求，增强组织的吸引力和员工的归属感。

三、关键要素整合的实践路径

（一）以战略为导向的协同整合

组织战略是人力资源开发与管理的指引方向，各关键要素需紧密围绕战略协同发力。在规划阶段，根据战略定位准确确定人才需求的数量、质量和结构，为不同业务板块、发展阶段提供适配的人才队伍；招聘选拔按照战略规划广泛吸纳人才，重点引进符合战略方向、具有创新潜力的核心人才；培训发展聚焦战略技能需求，制定个性化学习路径，帮助员工掌握前沿知识和关键技术；绩效管理紧扣战略目标设置指标体系，使员工工作与组织战略紧密结合，通过绩效激励推动战略实施；薪酬福利设计兼顾内外部公平和战略导向，对战略关键岗位、高绩效人才给予优厚待遇，激发员工的奋斗热情；员工关系营造积极向上的氛围，凝聚全体员工的力量，为战略推进提供有力保障，实现各要素在战略引领下的相互促进、协同发展。

（二）全流程的数据驱动优化

在大数据时代，数据成为人力资源管理的宝贵资产。借助先进数据分析工具，从招聘源头抓起，深度剖析招聘渠道成效、候选人来源分布、简历筛选通过率等数据，优化招聘策略，精准定位目标人才；培训环节，跟踪员工学习轨迹、课程完成率、知识掌握程度，结合岗位技能模型，智能推送个性化培训课程，提升培训效能；绩效评估中，依托数据量化工作成果、团队协作、创新贡献等维度，减少主观偏差，为奖惩激励提供坚实依据；员工关系管理方面，分析满意度调查、离职倾向数据，提前洞察潜在问题，针对性优化管理举措；薪酬福利领域，参照市场薪酬数据、内部薪酬公平性分析结果，动态调整薪酬架构，确保薪酬竞争力与激励性，以数据赋能全流程优化，实现人力资源管理的精准决策与高效执行。

(三) 跨部门的无缝沟通协作

人力资源开发与管理绝非孤立部门事务，需融入组织各环节，构建跨部门协作桥梁至关重要。规划阶段，与业务部门深度协同，洞悉业务发展规划、项目推进节点，前瞻性规划人力布局；招聘选拔时，业务部门深度参与，精准传递岗位技能需求、团队协作特质，共同筛选适配人才；培训发展依托部门反馈，定制贴合业务实战的培训项目，选派内部专家分享经验，加速知识传承；绩效管理强化部门自评与互评，促进信息共享、协同改进，让绩效评价更立体全面；薪酬福利设计广泛征求部门意见，兼顾不同部门工作特性与付出回报平衡，提升满意度；员工关系维护搭建跨部门交流平台，鼓励员工分享经验、倾诉困扰，及时化解部门间矛盾冲突，凝聚管理合力，保障人力资源策略在组织各角落顺畅施行。

四、内容为王：汇聚优质资源

(一) 携手权威讲师与机构

在人力资源学习平台蓬勃发展的过程中，师资力量是其核心竞争力的关键因素，如同大厦的基石，直接关系到平台的教学质量和声誉。为了打造一支顶尖的师资队伍，平台广泛招募人才，精心筛选，力求汇聚行业内的精英。

平台积极与国际知名的人力资源研究机构合作，如国际人力资源开发协会等，这些机构在全球人力资源领域具有深厚的学术积累和前沿的研究成果。通过合作，平台邀请到由其认证的资深专家、学者担任客座讲师，为学员带来国际化的视野和最先进的管理理念。这些专家凭借在人才战略规划、跨文化人力资源管理等高端领域的深厚造诣，结合全球知名组织的实践案例，如国际科研合作项目中的人才管理经验、跨国文化交流活动中的人力资源策略等，深入浅出地讲解复杂的理论知识，让学员仿佛置身于国际前沿的工作场景中，领略顶尖组织的智慧。

同时，平台与国内顶尖高校的相关学院紧密合作，邀请人力资源领域的学术权威、教授加入。这些高校教师长期从事学术研究，对国内人力资源市场的动态变化有着敏锐的洞察力，他们将严谨的学术理论与本土组织的实际需求完美结合，为学员定制符合国情的课程内容。无论是在公共服务领域的人力资源优化、文化传承项目的人才培养，还是在新兴领域的组织架构创新等方面，都能提供极具针对性的指导建议，帮助学员在国内的工作环境中取得更好的发展。

(二) 匠心打造多元课程体系

人力资源领域广泛而复杂，涉及众多相互关联的知识板块和业务领域。因此，人力资源学习平台精心构建了一套全面且多元的课程体系，就像为学员打造了一艘功能齐全的探索之船，帮助他们在知识的海洋中畅游，深入探索每一个领域。课程体系的构建紧密围绕人力资源管理的核心模块展开，层次分明。

在招聘与配置模块，既有针对新手的基础课程，如招聘渠道拓展方法、简历筛选技巧、面试流程规范等，帮助他们快速入门，打下坚实的基础；也有面向资深招聘人员的进阶课程，深入探讨如何运用人才测评工具精准识别人才、校园招聘的创新策略、高端人才寻访的实战技巧等，满足他们职业发展的需求。

培训与开发模块同样丰富多样，从新员工入职培训的系统规划，到员工职业发展路径的个性化设计，再到领导力培训的进阶课程，如情境领导力的实际应用、变革型领导力的培养等，全方位助力组织打造学习型团队，激发员工的潜力。

绩效管理模块，既有适合初学者的 KPI、OKR 等主流绩效考核方法的入门讲解，也有针对绩效管理专家的深度分析，如绩效指标的优化与动态调整、绩效反馈面谈的高级技巧、跨部门绩效协同的难点解决等，帮助组织建立科学合理、有效的绩效激励体系。

薪酬福利管理模块，涵盖了从薪酬体系设计的基本原理、岗位价值评估的准确方法，到股权激励、弹性福利计划等前沿薪酬策略的深入解读，为组织吸引、留住人才提供有力的支持。

员工关系管理模块，不仅教授劳动法律法规的基础知识，确保组织用工合法合规，还深入探讨员工冲突处理的艺术、组织文化建设的实际操作、员工满意度提升的创新方法等，营造和谐融洽的工作氛围。

为了确保课程内容始终紧跟时代步伐，平台建立了一套严谨高效的课程更新机制。一方面，设立专门的课程研发团队，密切关注人力资源领域的最新政策法规变化，如社保政策调整对组织人力成本的影响、新的劳动法规实施下的用工管理策略等，及时将这些政策要点融入课程内容；另一方面，高度关注行业的前沿技术创新和新兴业务模式变革，如人工智能在招聘筛选中的应用、大数据驱动的精准培训需求分析、远程办公模式下的员工绩效管理挑战等，迅速组织专家研发相关课程，确保学员能够第一时间掌握行业动态，所学知识与时俱进，始终站在人力资源管理的前沿。

五、内涵探究：挖掘人力潜能的深度剖析

（一）人力资源开发：赋能个体，驱动成长

能力培养聚焦于创新、团队协作、问题解决等关键能力的锻造。组织创新工作坊激发员工创新思维，鼓励跨部门项目合作以增强团队协作默契，模拟复杂业务场景锻炼员工应对难题的决策与解决能力。态度塑造同样不容忽视，积极引导员工树立正确的职业价值观，培养敬业精神、责任感与进取心，营造追求卓越、勇于担当的组织氛围。

职业发展规划也是人力资源开发的核心任务之一。深入了解员工的职业兴趣、优势特长以及长期发展愿景，为其量身定制个性化的职业发展路径，无论是纵向的晋升通道，还是横向的跨领域拓展路线，都能让员工清晰看到自身成长方向，激发其内在动力，为组织的长远发展注入源源不断的活力。

（二）人力资源管理：协调资源，保障运转

人力资源管理侧重于运用科学、系统的方法，对组织内的人力资源进行合理规划、精准招聘、有效培训、客观绩效评估以及公平薪酬福利设计等一系列精细管理，以确保组织目标的顺利达成。

人员规划要求管理者依据组织战略目标、业务发展规模与未来走向，精准预测人力资源需求，涵盖数量、质量、结构等多方面，提前布局人才储备与调配，防止人才短缺或冗余。招聘与选拔环节，通过多渠道广泛吸引人才，借助科学的测评工具与面试流程，筛选出与岗位高度匹配的人员，实现人岗适配最大化。

培训与发展紧密结合组织需求与员工短板，设计实施有针对性的培训课程，如新员工入职培训助力新人快速融入，岗位技能培训提升员工专业水平，领导力培训为组织储备管理人才，持续提升员工队伍整体战斗力。绩效管理建立明确、量化且可衡量的绩效指标体系，定期公正评估员工工作表现，及时给予反馈与指导，激励员工持续改进，将个人绩效与组织绩效深度挂钩。

薪酬福利管理力求设计出公平合理、富有竞争力的薪酬体系，综合考量岗位价值、个人绩效、市场行情等因素，确保员工劳有所得；同时，完善福利制度，涵盖健康保险、带薪休假、节日福利等，增强员工归属感与满意度。劳动关系管理注重营造和谐稳定的雇佣关系，妥善处理劳动纠纷，维护员工合法权益，保障组织正常运营秩序。

（三）两者关联：相辅相成，协同共进

人力资源开发与管理犹如鸟之双翼、车之两轮，紧密相连、不可分割。开发为管理奠定坚实基础，提供源源不断的高素质人才储备。经过系统开发的员工，带着丰富知识、精湛技能与积极态度进入工作岗位，能迅速适应管理要求，高效执行任务，为组织创造价值；同时，他们在职业发展规划引导下，对自身成长有清晰认识，更易接受管理约束与激励措施，增强组织凝聚力与忠诚度。

管理为开发创造有利条件。科学合理的人员规划确保开发资源精准投入，招聘环节吸引的优秀人才为开发注入新鲜活力，培训体系是开发的直接实践

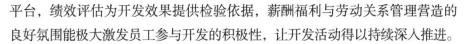

平台，绩效评估为开发效果提供检验依据，薪酬福利与劳动关系管理营造的良好氛围能极大激发员工参与开发的积极性，让开发活动得以持续深入推进。

二者相互促进、协同发展。高效的管理促使组织业绩提升，为开发提供更多资源支持；优质的开发让员工能力升级，反过来推动管理模式优化创新，共同助力组织在激烈竞争中稳健前行。

六、实践要点：落地生根的人力管理策略

(一) 个性化管理：量体裁衣，精准赋能

充分认识到员工个体差异，摒弃"一刀切"管理模式，为每位员工定制专属发展与管理方案。通过专业测评工具、深度面谈，洞察员工性格、兴趣、职业动机、能力优势，为技术研发型员工搭建创新实验室、提供前沿技术学习资源，助其在专业领域深耕；为沟通协作能力强的员工安排项目协调、团队领导角色，提供领导力培训，激发管理潜能。

在激励机制上，满足不同员工需求，物质激励结合荣誉表彰、晋升机会、弹性工作安排等多元形式，让每位员工都能在组织中找到成长动力源，释放最大工作热情与创造力。

(二) 持续改进：动态优化，与时俱进

建立常态化反馈与评估机制，对人力资源开发与管理各个环节进行定期"体检"。收集员工对培训课程实用性、绩效评估公正性、薪酬福利满意度等反馈，分析招聘渠道有效性、人才流失原因；依据反馈数据，迅速调整优化培训内容、改进绩效指标、完善薪酬结构、拓展招聘渠道。

同时，密切关注外部环境变化，如行业技术革新、法规政策调整、劳动力市场波动，及时革新人力管理策略，确保组织人力资源始终保持竞争力，为组织持续发展注入源源不断活力，令组织在动态变化的浪潮中稳健前行。

第二章　人力资源管理概述

第一节　人力资源管理的目标及功能

人力资源管理就是运用现代化的管理手段，对组织中人力这一特殊资源进行获取、配置、开发和使用等一系列活动，目的是充分发挥员工潜力，调动员工的积极性。

一、人力资源管理的目标

人力资源管理既要关注企业目标的实现，又要关注员工的全面发展，两者缺一不可。因此，人力资源管理的目标有以下几个方面：

第一，实现单位既定的目标。单位管理的目的是实现单位既定的目标。人力资源管理是单位管理的一部分，它从属于单位管理，因此，人力资源管理的目标也要以实现单位目标为前提，根据单位的目标来设定其目标，并且随着单位目标的改变而变化。

第二，提升员工的满意度。员工是人，有感情，有思想。要使员工保持生产能力，组织不应该只追求绩效的提升，更应该重视员工的满意度。满意的员工不会自动地提高生产效率，但不满意的员工更倾向于辞职、旷工，并且工作质量很低。让员工有满意的工作生活质量，可以提供高品质的服务，从而为单位创造更多绩效。

第三，发挥员工的主观能动性。人力资源的本质特征是具有主观能动性。全面有效地发挥员工的主观能动性，是单位实现组织目标和获取竞争优势的有效手段。在单位正常运作过程中，每一位员工对工作的态度和积极性存在较大的差异，而他们的态度和积极性往往受单位环境、自我发展空间、福利状况以及人际关系等因素所影响。因此，单位应尽力创造一个相对宽松的工作环境，使工的主观能动性得以充分发挥，同时也为单位创造出更多的价值。

二、人力资源管理的功能

现代人力资源管理的基本功能主要体现在五个方面：获取、维持、开发、整合、调整。

第一，获取功能。获取功能是人力资源管理的首要功能，也是其他功能得以实现的前提。只有获取了人力资源，组织才能对其进行开发与管理。获取功能就是以组织目标为依据，人力资源部门制定工作说明书，制订与组织目标相适应的人力资源需求与供给计划，并根据人力资源供需计划和职位分析结果开展员工的招聘工作。

第二，维持功能。维持功能是指让已经获取的员工留在组织中。员工是有感情、有思想的，为了使员工对组织产生认同感，可以通过提供合理的薪酬福利和创造良好的工作环境，留住组织的核心员工，保持员工有效工作的积极性，从而使员工安心和满意地工作。

第三，开发功能。开发功能是人力资源管理最重要的功能，人力资源的开发目的在于对组织内员工的素质与技能的培养和提高，使他们的潜力得以充分发挥，最大限度地实现个人价值。广义的人力资源开发包括人力资源数量和质量的开发，但一般而言，人力资源开发是指人力资源的质量开发，它主要包括开发计划的制订、培训和教育的投入与实施、员工职业生涯开发等。

第四，整合功能。整合功能是指员工了解和接受组织的宗旨与价值观，使员工之间和睦相处、协调共享、取得群体认同的过程，即通过组织文化、价值观和技能培训，提高员工与组织之间的凝聚力，能动地推动人与事的协调发展，实现人与人之间的互补增值以及关系的和谐。

第五，调整功能。调整功能是对员工实施合理、公平的动态管理的过程。组织可以通过绩效考核与绩效管理等活动发挥人力资源管理中的控制和调整功能，从而对组织的人力资源进行再配置，帮助员工提高工作效率，寻找与员工需要和能力相匹配的发展路径。调整功能包括科学合理的员工绩效考评与素质评估，以考绩与评估结果为依据对员工进行动态管理，如晋升、调动、奖惩、离职、解雇等。

以上人力资源管理的五项基本功能是相辅相成、彼此互动的。获取是基础，它为其他功能的实现提供了条件；维持是保障，只有将人留在本组织中，开发和整合才会有稳定的对象；开发是手段，只有让员工掌握了一定的技能，整合的实现才会具备客观条件；调整是核心，是其他职能发挥作用的最终目的。

第二节　人力资源管理的作用与职能

一、人力资源管理的重要作用

随着经济的快速发展和全球化进程的不断加快，人力资源成为单位应对复杂市场环境的最主要力量。人力资源管理是根据单位目前的发展状况和未来的战略目标，有计划、有目的地开展工作。它不仅为单位的创新提供动力，还为单位的发展创造良好的工作氛围，因此，做好人力资源管理工作对单位的发展和利益都有着不可或缺的重要作用。

第一，有利于增强单位竞争力。人力资源是单位生存和发展的最根本要素。它是单位拥有的重要资源，也是单位的核心竞争力所在。人力资源管理的一个主要任务就是对单位员工的培训和开发，通过对员工的培训，不断提高员工的素质。单位的决策也越来越多地受到人力资源管理的约束，人力资源管理逐渐被纳入单位发展战略规划中，成为单位谋求发展壮大的核心因素，也是单位在市场竞争中立于不败之地的至关重要的因素。

第二，有利于提高单位经济效益。单位经济效益是指单位在生产经营活动中的支出和所得之间的比较。减少劳动消耗的过程，就是提高经济效益的过程。因此，通过科学的人力资源管理，合理配置人力资源，有利于减少劳动损耗，控制人力资源成本，提高经济效益。

第三，有利于提高员工的工作绩效。根据单位目标和员工个人状况，单位运用人力资源管理设法为员工创造一个适合他们工作的环境，使员工和工作岗位相匹配，为员工做好职业生涯设计，通过不断培训，做到量才使用，人尽其才，充分发挥个人的专长。正确评价每个员工所作的贡献，根据员工的贡献和需要进行有效的激励，营造和谐向上的工作氛围。在具体运作中实行员工岗位轮换制，通过轮换发现员工最适应的工作种类，确保单位组织结构和工作分工的合理性及灵活性，从而提高员工的工作绩效，全面提高单位工作效率。

第四，有利于提高工作生活质量。工作生活质量是指单位中所有员工通过与组织目标相适应的公开的交流渠道，有权影响决策，改善自己的工作，进而产生更多的参与感、更高的工作满意感和更少的精神压力的过程。人力资源管理的各项活动包括人力资源规划、培训与开发、工作分析、安全与健康等，都会影响员工的工作生活质量。

第五，有利于组织战略目标的实现。人是单位生存和发展的最根本要素。由于组织的管理目标是由人来制定、实施和控制，在工作过程中，管理者是通过员工的努力来实现工作目标的。人力资源管理能够创造灵活的组织体系，为员工充分发挥潜力提供必要的支持，让员工共同为单位服务，从而确保组织在经济环境下目标的实现。

二、人力资源管理的职能表现

人力资源管理的目标是通过人力资源规划、工作分析、人员招聘、绩效考核等一系列人力资源管理活动来实现的，这些管理活动是人力资源管理职能的具体表现。我们将其概括为以下八个方面：

(一) 人力资源规划

人力资源规划是根据单位的总体战略目标和具体情况，利用科学的预测方法，预测单位一定时期内的人力资源需求和供给，并根据预测的结果制订出平衡供需的计划，最终实现单位人力资源的最佳配置。人力资源规划的重点在于对单位人力资源管理现状信息进行收集、分析和统计，依据这些数据和结果，结合单位战略制订未来人力资源工作的方案。

(二) 职位分析与胜任力模型

职位分析包括两部分活动：一是根据单位的规模、结构等具体情况，对各职位所要从事的工作内容和承担的工作职责进行清晰的界定；二是确定各职责所要求的职务资格，如知识、技能、能力、职业素质、工作经验及工作态度等。职位分析的结果一般体现为职位说明书。人员聘用的要求是人岗匹配，适岗适人。招聘合适的人才并把人才配置到合适的地方，才能算完成了一次有效的招聘。因此，职位分析是人力资源管理最基本的工具。胜任力模型是指为完成某项工作、达成某一目标所需要的一系列不同素质要求的组合。胜任力模型是通过对职位分析得到的职位规范的重要补充。

(三) 员工招募与配置

单位的价值和竞争力是由那些掌握并应用知识的员工所创造的，因此，在单位的可持续发展中，对人力资源的吸纳也成为单位发展的重要环节。根据人力资源规划和职位分析的要求，开展招聘与选拔、录用与配置等工作是人力资源管理的重要活动之一。单位通过招募吸引足够数量的候选人来申请单位空缺的职位，然后采用科学的方法对候选人进行评价，以选拔出最合适的人选。最后，对入选的人员合理配置其岗位。招募与配置是相互影响、相互依赖的两个环节，只有招聘到合适的人员并进行合理配置，才能达到招聘的目的。

(四) 培训与开发

对于新招聘的员工来说，要想尽快适应并胜任工作，除了自己努力学习外，还需要单位提供帮助。对于老员工来说，可以通过培训来调整和提高自己的技能，并帮助他们最大限度开发自己的潜能。对员工进行培训和开发，可以促进员工更好地提高工作效能，增强员工对组织的认同感和归属感，提高员工自身的责任感。员工的培训与开发过程包括建立培训体系，确定培训需求和计划，组织实施培训过程以及对培训结果的反馈等活动。

另外，培训工作必须做到具有针对性，要考虑不同受训者群体的具体需求。

(五) 员工职业生涯规划

员工职业生涯规划是指员工通过对自身情况和客观环境的分析，确定自己的职业目标，并为实现目标而制订的行动计划和行动方案。单位人力资源部门要善于把员工职业发展目标和单位的发展目标有效地结合起来，这是单位进行职业生涯规划管理的目的所在。通过对员工提供职业发展咨询来关注员工的职业定位，帮助员工制订个人职业发展计划，为员工提供一条可依循且充满成就感的职业发展道路，使单位和个人能够共同发展。员工职业生涯规划管理有利于提高单位人力资本的投资收益，有助于单位更好地发展。

(六) 绩效管理

绩效管理是考评者根据既定的工作目标或者绩效标准，采用一定的考评办法，对员工的工作表现和工作成果等做出评价。单位通过绩效考评来衡量员工的工作绩效，并对考评的结果进行反馈和协调，对于绩效突出的员工给予物质或精神方面的奖励，对于表现差的员工给予批评甚至惩罚，最终达到激励员工的目的。同时，通过绩效考评，单位还能及时发现员工在工作中存在的问题，并加以改进。在进行绩效考评时，必须要保证考评结果的公平性和公正性。

(七) 薪酬管理

薪酬管理是人力资源管理的重要组成部分，是推动单位战略目标实现的重要工具之一。薪酬包括工资、奖金和福利等，它是员工地位和成功与否的标志，同时也体现人力资源对公司所作的贡献。单位要从员工的需求出发，在保证内外部的公平性下，制订符合单位战略目标和发展计划的薪酬体系。这样的薪酬体系不仅能够帮助单位吸引和留住员工，还能影响单位员工的责任感和工作努力程度。当单位处于不同的发展阶段时，应及时调整单位的薪酬制度和激励措施，以保证单位人才的创造力。

(八) 员工关系管理

当今社会，人才是单位最重要的资产。在人才竞争日益激烈的背景下，单位必须加强员工关系管理，构建和谐的员工关系。人力资源管理涉及劳动关系的各个方面，如劳动用工、劳动时间、劳动报酬、劳动保护、劳动争议等内容。员工关系管理就是对单位中的各主体依法确立劳动关系，建立劳动合同，合理处理劳动关系中发生的各种纠纷和争议，以确保员工在劳动过程中的安全与健康。对于员工来说，需要借助劳动合同来确保自己的利益得以实现，同时做到自己对单位应尽的义务。对于单位来说，需要借助劳动合同规范员工的行为，维护员工的基本利益。总之，员工关系管理的目的在于明确双方的权利和义务，并为单位建立一个良好的工作环境，最终实现单位和员工关系的和谐发展。

虽然人力资源管理的各个职能的侧重点不同，但是它们是一个不可分割的有机整体，只有每个环节都做到位，才能保证人力资源管理工作的正常运行。

第三章　人力资源规划与配置优化

第一节　人力资源规划的制订与实施

一、人力资源规划：组织发展的"导航仪"

在当今竞争激烈、变化多端的社会环境中，各类组织恰似一艘艘于茫茫大海中航行的船只，面临着诸多挑战与机遇。而人力资源规划，无疑是这些组织前行的"导航仪"，为其指引方向、保驾护航。人力资源规划，绝非简单的人员数量统计与调配，它是一项极具前瞻性、系统性的战略工程。

（一）宏观层面：战略支撑，铺就人才之路

从宏观层面看，人力资源规划紧密围绕组织的总体战略目标，深入剖析未来发展所需的人力资源规模、结构及素质要求，确保组织在前行的每一个阶段，都能拥有适配的人才队伍作为坚实支撑。无论是开展新的社会服务项目、推进重大科研课题，还是进行组织变革，精准的人力资源规划都能提前为组织铺就人才之路，避免因人才匮乏而陷入发展困境。例如，某组织计划在未来几年内大力推进数字化社会服务转型，通过深入分析该战略目标，人力资源规划需确定在大数据分析、人工智能应用、数字化平台运营等领域所需的专业人才数量与技能要求。提前规划招聘具备相关专业知识的人才，以及为现有员工制订针对性的数字化技能培训计划，以满足战略转型对人才的需求。

（二）中观层面：部门衔接，优化资源配置

从中观层面而言，人力资源规划恰似一座精密的桥梁，将组织内各部门、各业务板块紧密相连。通过对不同部门业务增长预期、工作负荷变化的精准预估，合理调配人力资源，避免出现有的部门人手过剩、效率低下，而

有的部门却因人力不足，导致业务推进受阻的失衡局面。这不仅能优化组织内部的资源配置，还能极大地提升整体运营效率，使组织这部庞大的机器得以顺畅、高效地运转。比如，在某一时期，组织内的项目执行部门因承接多个重要项目，工作负荷大幅增加，而行政支持部门工作相对不饱和。人力资源规划通过对各部门业务动态的监测与分析，及时从行政支持部门调配部分人员到项目执行部门，协助处理一些事务性工作，缓解项目执行部门的人力压力，确保项目顺利推进，同时提高了行政支持部门人员的工作效能，实现人力资源在组织内部的优化配置。

（三）微观层面：员工发展，提升满意度与忠诚度

从微观层面来讲，人力资源规划直接关乎每一位员工的职业发展轨迹。它为员工提供清晰的晋升通道、培训路径及职业成长方向，让员工深切感受到自身与组织的紧密联系，看到未来的希望与发展空间。如此一来，既能充分激发员工的内在潜能，促使他们为组织全力以赴，又能大幅提升员工的满意度与忠诚度，减少人才流失，为组织保留宝贵的人力资产。以某位年轻员工为例，他入职后，人力资源规划根据其专业背景与兴趣特长，为他制定了一条从基层岗位逐步晋升到项目主管的职业发展路径。同时，为他规划了一系列专业技能培训和管理能力提升课程，让他明确知道自己在组织中的发展方向。这种清晰的职业规划使该员工对未来充满信心，更加积极主动地工作，努力提升自己的能力，以实现职业目标。

一言以蔽之，人力资源规划对于组织的重要性，无论怎样强调都不为过。它贯穿于组织发展的全过程，渗透到各个细微环节，是组织实现可持续发展、铸就卓越竞争力的核心要素。接下来，让我们深入探究人力资源规划的制定与实施细节，揭开其助力组织腾飞的神秘面纱[①]。

二、精准锚定：规划制订的关键步骤

（一）明晰组织战略方向

组织战略犹如一座灯塔，为人力资源规划照亮前行的道路。当组织确

① 牛林顿.人力资源规划与组织可持续发展的关系研究 [J].财经界,2024(32):171-173.

定了未来的发展方向，无论是拓展新的业务领域、开展创新性的研究项目，还是对现有业务进行深度优化、提升服务质量，都对人力资源的数量、质量、结构提出了独特的要求。

以一个致力于文化传承与创新的机构为例，若其战略规划是在未来三年内打造一系列具有广泛影响力的文化展览，并推动文化遗产数字化工程，那么与之对应的人力资源需求便清晰可见。展览策划部门需要大量具备深厚文化底蕴、敏锐艺术感知力且熟悉数字化展示技术的专业人员，能够策划出兼具文化内涵与科技魅力的展览内容；技术研发团队则急需精通数字建模、虚拟现实等技术的工程师，能够将文化遗产以数字化形式生动呈现；宣传推广部门也得配备擅长文化传播、新媒体运营的人才，以便精准传播文化理念，吸引更广泛的受众。唯有紧密围绕组织战略进行人力资源规划，提前布局人才储备与培养，才能确保组织在战略推进过程中，人才"粮草"充足，一路畅通无阻。

（二）盘清人力现状"家底"

对现有人力资源状况进行全面、深入、细致的盘查，是制订科学合理的人力资源规划的根基。这不仅涵盖人员数量的精准统计，还涉及对人员结构、素质能力、流动情况等多维度的剖析。

从人员结构来看，一个中等规模的社会服务机构，其一线服务人员、专业技术支持人员、管理人员、后勤保障人员等各层级、各岗位的占比是否合理，直接关系到机构的服务效率与运营成本。若一线服务人员数量不足，可能导致服务质量下降，无法满足服务对象的需求；而管理人员冗余，则会造成决策流程烦琐、管理成本增加。在素质能力方面，通过对员工学历、专业技能证书、过往项目经验等的梳理，能清晰洞察员工队伍的整体实力。例如，一个教育培训机构发现，拥有高级教育咨询师资质的员工仅占咨询团队的10%，且在个性化教育方案设计方面有丰富经验的人才稀缺，这无疑为其承接高端个性化教育服务项目敲响了警钟。人员流动情况同样不容忽视，过高的离职率，尤其是关键岗位核心人才的流失，可能预示着机构在薪酬福利、职业发展、工作环境等方面存在问题，亟待在规划中加以优化改进。只有将这些家底摸清摸透，人力资源规划才能做到有的放矢，精准发力。

(三) 预测人力供需趋势

预测人力供需趋势恰似一场兼具科学性与艺术性的探索之旅, 需综合运用多种方法, 充分考量内外部诸多因素。在需求预测方面, 定量分析方法如回归分析法, 依据过往业务量与人员配置的数据关系, 构建数学模型, 推算未来业务增长下的人力需求数量; 而工作负荷法, 则通过精细测算每个岗位的工作任务量、完成标准时间, 结合业务扩张幅度, 精准确定所需人力规模; 定性分析方法如德尔菲法, 借助行业专家、内部资深管理者的经验与智慧, 对新技术突破、社会需求变化、政策法规调整等可能引发的人力需求变化进行前瞻性预判。

以一个社区服务中心为例, 如今社区居民对健康服务需求日益增长, 尤其是在健康管理、康复护理等方面, 业务量呈现持续上升趋势。通过对历年服务人次、服务项目数量与人力投入的数据分析, 结合当年度社区居民健康需求调研结果、新服务项目拓展计划, 便能较为准确地预测出未来对健康管理师、康复治疗师等岗位的人力需求缺口, 提前数月启动招聘、培训计划, 确保服务质量不受影响。

供给预测同样关键, 既要关注内部人才梯队的成长与流动, 如通过人才盘点识别出有潜力晋升的员工、即将结束培训可补充关键岗位的储备人才; 又要洞察外部人才市场动态, 包括高校相关专业的毕业生数量与质量变化、同类型机构的人才流动信息、新兴行业催生的跨领域复合型人才供给趋势等。内外兼顾, 方能为组织绘制出清晰准确的人力供需蓝图, 为后续规划策略的制订提供坚实依据。

三、落地生根: 规划实施的核心环节

(一) 周密部署实施计划

周密部署实施计划是人力资源规划从蓝图迈向现实的关键起点。这要求将宏大的规划目标拆解为一个个具体、可操作的任务模块, 如同建造一座大型公共建筑时, 将整体架构细化为每一层、每一个功能区的施工任务。以一个计划在未来一年内开展多项大型文化交流活动并建设数字化文化资源

库的机构为例,人力资源部门需明确各项关键任务。从人员招聘层面,要确定每个活动策划岗位、技术支持岗位、活动执行岗位和文化资源采编岗位的人员数量,以及招聘的时间节点,如提前3个月启动活动策划人员招聘,提前2个月进行技术支持人员招募,确保人员按时到岗;培训任务同样精细,为新入职活动策划人员安排为期1个月的活动策划与组织集训,包括文化市场分析、创意策划、跨文化交流等课程,技术支持人员则需进行2周的数字化资源库建设专项培训,活动执行人员开展1周的活动现场管理与沟通技巧特训。

责任明确更是重中之重,为每个任务指定专属责任人,如同为每艘航船安排经验丰富的船长。活动策划人员招聘可由资深的人力资源专员主导,技术支持人员培训交由技术精湛的技术主管负责,活动执行人员培训则安排活动管理经验丰富的主管担纲,让专业的人做专业的事,确保每个环节都有可靠的把控。时间安排上,绘制详细的甘特图,清晰标注各项任务的起止时间、关键里程碑,使整个实施进程一目了然。资源配置方面,依据任务需求,精准分配人力、物力、财力。为招聘工作预留充足的招聘经费,用于广告投放、人才推荐合作;为培训配备专业的培训场地、教材教具,邀请业内专家授课,全方位保障计划顺利推进,让文化交流活动开展时,人员整齐就位、技能熟练达标,取得良好成效。

(二)强化沟通协作机制

强化沟通协作机制宛如为组织注入一剂高效运转的"润滑剂",能极大地减少内耗,提升协同效能。跨部门沟通在现代组织中起着桥梁纽带的关键作用,不同部门犹如紧密咬合的齿轮,相互依存、协同发力。以一个筹备大型科普展览的组织为例,内容策划部门作为核心创意引擎,须与设计部门紧密协作。设计人员凭借专业的审美与设计能力,深入了解策划人员对展览主题、展品展示方式等方面的创意需求,及时将其转化为具有吸引力的设计方案;策划过程中,技术部门提前介入,依据展览进度,同步准备多媒体展示设备、互动体验技术支持等,确保展览在科技应用上不落伍;宣传推广部门也与内容策划保持密切沟通,参与展览内容策划研讨,从宣传推广角度提出建议,让展览内容更具传播性,吸引更多观众。

员工参与反馈则为组织发展注入源源不断的活力。搭建多样化的沟通平台与反馈渠道至关重要，如设立线上"员工建言平台"，员工可随时就工作流程优化、团队协作问题、职业发展困惑等畅所欲言；定期召开面对面的"员工交流会"，管理层与一线员工零距离交流，倾听他们的真实想法；开展匿名的"合理化建议征集活动"，消除员工顾虑，激发他们为组织发展建言献策。一个教育服务机构通过这些举措，收集到员工关于优化课程设计、增设员工技能提升培训、改善工作环境等诸多宝贵建议，并迅速付诸行动，不仅提升了员工满意度，还让机构在服务质量提升、课程创新等方面取得显著突破，实现组织与员工的双赢共荣。

(三) 动态监测跟踪进度

动态监测跟踪进度恰似为人力资源规划实施装上精准的"导航雷达"，实时掌控前行方向，确保不偏离预定轨道。建立科学合理的监测指标体系是首要任务，对于一个提供公共服务的机构而言，服务响应时长、服务完成质量、服务对象满意度评分等指标直接反映服务团队的人力效能；项目执行进度、资源利用效率、项目成果质量等数据则是衡量项目团队运营优劣的关键标尺；而员工流失率、培训参与度、内部晋升比例等指标，全方位呈现出组织整体的人力健康状况。

定期评估如同阶段性"体检"，以月度、季度、年度为周期，对各项指标进行深度剖析。每月末，服务主管通过数据分析发现某时段服务响应时长超标，迅速排查是人员排班不合理导致人手不足，还是新员工业务不熟练所致，及时调整排班计划、加强培训辅导；每季度末，项目负责人依据项目执行进度波动，审视项目计划安排、资源调配是否存在问题，优化项目方案；年末综合评估时，人力资源负责人借助员工流失率、晋升比例等指标，洞察组织人才发展瓶颈，针对性地优化薪酬福利、拓展职业晋升通道。一旦发现问题，立即启动调整优化机制，精准施策，如补充关键岗位人员、优化业务流程、升级培训体系等，确保人力资源规划始终紧密贴合组织发展需求，助力组织在动态变化的社会环境中稳健前行，达成服务目标。

四、保驾护航：应对挑战的有效策略

（一）直面内外部环境变化

在当今风云变幻的社会环境中，人力资源规划面临着来自内外部环境的诸多严峻挑战。外部环境的波动犹如汹涌波涛，不断冲击着组织的人才布局。社会需求的瞬息万变，如公众对某类公共服务的突然激增或对特定文化活动的兴趣转移，可能使组织现有的人才结构瞬间陷入困境。以一个传统的文化艺术传播机构为例，随着大众对数字文化艺术形式的追捧，对传统线下演出策划人才的需求锐减，而数字内容创作、新媒体运营等领域的专业人才却供不应求，若未能及时调整人力资源规划，将面临业务萎缩、受众流失的危机。

技术革新更是如疾风骤雨，快速淘汰旧有技能，催生全新岗位需求。互联网、大数据、人工智能等前沿技术的广泛应用，让传统的手工档案管理岗位逐渐被数字化管理系统取代，而数据分析师、数字化运营专员等新兴岗位炙手可热。组织若不能紧跟技术步伐，提前布局人才培养与引进，必将在数字化浪潮中落伍。

内部环境的变革同样给人力资源规划带来巨大压力。组织战略调整，如从专注于单一领域服务向多元化服务拓展，或从本地服务范围迈向跨区域服务，原有的人才队伍在专业技能、跨区域协调、多元服务管理等方面可能捉襟见肘。业务流程优化重组，精减部门、合并岗位，容易引发人员冗余与安置难题，若处理不当，将挫伤员工积极性，导致关键人才流失。

面对这些挑战，组织需练就敏锐的洞察力与敏捷的应变力。一方面，建立常态化的外部环境监测机制，通过社会调研、行业分析、技术趋势追踪等手段，预判人才需求风向；另一方面，在组织内部强化战略沟通，让人力资源部门深度参与战略规划，确保人才规划与战略调整同频共振。针对业务变革中的人员问题，制订人性化的转岗培训、内部竞聘、裁员补偿等方案，平稳度过转型阵痛期，实现人力资源的优化配置。

(二) 攻克数据精准难题

在人力资源规划的进程中，数据的质量与分析运用犹如基石，承载着整个规划的科学性与可靠性。然而，诸多组织在这一关键环节深陷困境，面临着数据收集不全面、不准确的顽疾。员工信息分散于不同部门的多个系统，如人事档案存于 HR 系统、绩效数据在 OA 办公软件、培训记录散落于各培训平台，整合困难，导致数据碎片化，难以拼凑出员工完整的能力画像。部分手工录入数据还存在错漏，如学历信息填写错误、任职时间混淆，使基于这些数据的分析结果谬以千里。

数据分析方法落后同样制约着人力资源规划的精度。简单的数据统计、均值计算，无法挖掘数据背后深层次的关联与趋势。面对海量的人力资源数据，缺乏数据挖掘、机器学习等先进技术手段，难以精准预测人才需求、识别高潜人才，规划沦为经验主义的主观臆断。

为攻克这些难题，组织首先要搭建一体化的人力资源信息系统，打通各部门数据壁垒，实现员工数据的集中统一管理，从源头确保数据的完整性与准确性。建立严格的数据审核流程，利用数据校验规则、定期比对核实等方式，及时纠错补漏。在数据分析层面，引入专业的数据分析软件，培养具备数据素养的 HR 团队，掌握回归分析、聚类分析、时间序列预测等方法，深度挖掘数据价值。例如，通过员工绩效数据、培训参与度、职业发展轨迹的关联分析，精准定位有晋升潜力的员工，为人才梯队建设提供有力支撑，让人力资源规划真正做到有据可依、精准发力。

(三) 突破部门协同障碍

人力资源规划绝非人力资源部门的"独角戏"，而是一场需要多部门紧密配合的"团体操"。但现实中，部门协同却困难重重，部门利益冲突成为首当其冲的拦路虎。不同部门往往各自为政，只着眼于自身短期业绩目标，忽视组织整体利益。研发部门为追求技术领先，热衷于高端人才引进，却不顾成本与公司当前业务适配性；财务部门则一味严控人力成本，压缩培训、招聘预算，阻碍人才发展与储备，部门间的"拔河"使人力资源规划陷入僵局。

沟通不畅同样如鲠在喉，让协同举步维艰。部门间信息传递失真、不及时，导致人力资源规划与业务需求脱节。市场部门已捕捉到新产品线的紧急人才需求，却因沟通迟滞，未能及时反馈至人力资源部门，错过最佳招聘时机；人力资源部门制订的员工轮岗培训计划，因未充分征求业务部门意见，在实施中遭遇重重阻力，员工被动参与，效果大打折扣。

打破这一困境，需从文化与制度双管齐下。在文化层面，培育协同共赢的组织文化，通过跨部门团建、项目合作、表彰奖励等方式，强化团队意识，引导各部门树立大局观。制度保障上，建立跨部门协调委员会，由高层领导挂帅，各部门负责人参与，定期研讨人力资源规划中的重大问题，统筹协调资源分配、人才调配。完善信息共享机制，搭建统一的沟通平台，如实时协同办公软件、定期跨部门会议，确保信息流畅、需求对接精准，让人力资源规划在各部门的协同奋进中落地生根，为组织发展注入磅礴动力。

第二节 人员配置与人才流动管理

一、人力资源人员配置与人才流动管理的内涵

(一) 人力资源人员配置的要义

人力资源人员配置，旨在将恰当的人员安置于合适的岗位，以此达成组织目标。这需要对每个人员的技能、知识、能力、性格特征以及职业发展期望有深入了解，同时精准掌握各个岗位的职责、要求、工作环境等要素，从而实现优化匹配。例如，在一个科研项目组中，对于具备创新思维、扎实专业知识的人员，安排其负责关键科研课题的攻坚任务；而那些沟通协调能力出色、严谨细致的人员，则安排在项目统筹、进度跟踪等岗位，让每个人的优势得以充分施展，提升整个团队的工作效能。

(二) 人才流动管理的范畴

人才流动管理，主要是对人才在不同组织、部门、岗位之间的变动进行引导、协调与管控。这种流动既包含内部流动，比如人员在同一组织内的晋升、岗位调整，也涵盖外部流动，即人才在不同组织间的变动，如转岗、

跨界发展等情况。从宏观层面看,人才流动受经济发展态势、行业结构调整、政策法规引导等多重因素影响;从微观角度来讲,组织文化氛围、薪资待遇水平、个人职业规划等因素,都在左右着人才的去留决策。以文化艺术领域为例,随着文化产业的发展以及新兴艺术形式的出现,相关人才向数字艺术、沉浸式体验等新兴方向流动;同时,若组织内部缺乏发展空间、激励机制不完善,也会导致人才流失。

(三) 两者的紧密联系

合理的人力资源人员配置与科学的人才流动管理息息相关。一方面,有效的人员配置是人才流动管理的基石,只有清楚知晓各岗位需求以及人员的适配状况,才能明确何时、何地需要通过人才流动来优化结构;另一方面,有序的人才流动为人员配置注入新活力,带来新观念、新技术,助力组织动态调整人员布局,以适应不断变化的内外部环境,共同为组织的发展提供强大动力[①]。

二、人力资源人员配置要点剖析

(一) 遵循科学原则

1. 能级对应原则

犹如原子中的电子依能级分布,组织内的岗位依据职责、复杂性、决策权限等形成不同能级层次,人员的知识、技能、经验与能力同样呈现出高低不同的水平。将高能力者置于高层级、关键岗位,其他人员安排在基础、辅助岗位,确保岗位需求与人员能力精准匹配,方能使人力资源整体效能得以最大程度释放。以研发项目为例,首席科学家需具备深厚的专业造诣、卓越的创新思维与前瞻的战略眼光,把控项目整体方向;而实验助理则侧重于掌握基础实验操作技能,协助收集数据,各司其职,推动项目前行。

2. 优势定位原则

受先天特质与后天实践雕琢,每个人都独具优势与短板,专业特长与

---

① 朱建新.人力资源管理实务中的大数据应用研究 [J].山东人力资源和社会保障,2023(10):34-35.

兴趣偏好各异。一方面，员工自身应洞察个人优势，主动探寻契合自身发展的岗位；另一方面，管理者的关键职责在于慧眼识珠，将员工安置到能使其长处尽情施展的岗位上。如性格开朗、沟通无碍、擅长协调人际关系的员工，投身于市场拓展、客户对接岗位，更易创造佳绩；而心思细腻、逻辑严谨、对数字敏感者，在财务、数据分析领域则能大放异彩。

3. 动态调节原则

在这瞬息万变的时代，无论是人员的成长蜕变，还是岗位要求的与时俱进，都处于持续的变动之中。曾经适配的岗位与人选，可能因技术革新、业务拓展而逐渐失衡。因此，定期审视人员与岗位的契合度，及时优化调整，如依据员工培训后的技能提升进行岗位晋升，或因新业务催生的岗位需求而合理调配人手，方能保障始终人岗相适，员工成长与组织发展同频共振。

4. 内部为主原则

多数组织常陷入"外来和尚好念经"的误区，一味外求人才，却忽视了内部蕴藏的巨大潜能。实际上，内部员工熟悉组织文化、流程与业务细节，培养成本相对较低。故而，应优先搭建内部人才选拔、培养与晋升的绿色通道，激发员工奋进之心；但当内部人才储备难以满足特殊、新兴业务需求时，也须果断外引新鲜血液，为组织注入新活力。

5. 道德原则

公正是用人制度的基石，起点公正确保招聘起点平等，杜绝学历、性别、背景等歧视，为所有应聘者敞开公平竞争之门；过程公正以严谨透明的规则护航，从笔试、面试到考核，让竞争在阳光下进行；结果公正依据能力与业绩论英雄，使能者居其位。先公后私的道德风尚，借由组织文化熏陶与精神引领，培育员工的集体荣誉感与奉献精神，让员工在追求个人价值时不忘集体利益。尊重员工是凝聚人心的关键，关注员工需求、规划职业发展路径、营造人性化管理氛围，员工方能以主人翁姿态回馈组织，敬业爱岗，携手共进。

（二）掌握配置方法

1. 评估业务流程

深入业务一线，对各环节流程展开精细化梳理，明确关键节点与任务目标，依据任务的难易程度、工作量大小、所需专业技能等维度，精准锚定岗位需求，进而推算出各环节所需的人员数量、技能专长与经验层次，实现人员与业务流程的无缝对接。例如在电子产品制造流程中，贴片、焊接等工序对操作熟练度要求极高，需配备大量熟练技术工人；而质量检测环节则侧重专业知识与严谨态度，应由具备相关资质与经验的质检人员把关。

2. 询问经理

直线经理作为业务的直接掌舵者，对团队任务的轻重缓急、技能缺口、未来发展规划有着清晰且深刻的认知。定期与他们深度沟通，能精准洞察团队动态需求，如团队承接新业务板块时对特定专业人才的渴求，或现有员工技能短板亟待培训提升之处，为人员配置优化提供第一手鲜活资料。

3. 注重客户体验

客户作为产品或服务的终端使用者，他们的反馈宛如指南针，精准指向服务过程中的痛点与短板。若客户频繁投诉售后响应迟缓，可能预示着售后团队人手短缺或专业能力不足；若对产品创新性提出更高期望，研发部门则需吸纳前沿技术人才。依循客户需求动态调配人员，确保组织服务品质始终契合甚至超越客户期待。

4. 保持角色覆盖

构建全面且系统的岗位角色体系，确保组织运营的各个关键环节、各类职能均有专人覆盖，避免出现职责真空或交叉不清的混乱局面。无论是战略规划、市场营销、财务管理等核心职能，还是行政后勤、设备维护等基础保障岗位，皆责任到人，保障组织稳健运转。

5. 参考竞争对手

密切关注竞争对手动态，分析其人员架构、人才布局背后的战略考量。若对手大力布局人工智能研发，且成效初显，自身则需审视在该领域的人才储备与投入；若对手以优质客服团队赢得市场口碑，便要反思自身客服体系的人员素质、数量配置是否滞后，进而借鉴经验，取长补短，在人才竞争中抢占先机。

三、人才流动的多元影响因素

(一) 个人层面

1. 职业发展需求

当个人在当前组织中遭遇职业发展瓶颈，晋升路径受阻，学习成长机会匮乏，而外部组织能提供契合其发展阶段的职位，如从普通员工迈向管理岗位、接触前沿项目等，人才往往会为追求进步而流动。一位在传统机构从事基础会计工作多年的员工，若有机会跳槽至大型金融机构担任财务主管，负责复杂资金运作与战略分析，面对广阔晋升空间与专业精进契机，便极易被吸引，开启职业新征程。

2. 兴趣爱好

倘若工作内容与个人兴趣严重背离，每日重复枯燥任务，易使员工心生倦怠，工作热情与创造力被消磨。相反，若新岗位能紧密契合兴趣爱好，如热爱户外运动的人转型至户外用品研发、营销岗位，凭借对产品的了解与热爱，更易投入并创出佳绩，实现从"被动工作"到"主动创造"的转变，提升个人成就感与职业满意度。

3. 生活需求

随着人生阶段更迭，生活需求成为左右人才流动的关键砝码。组建家庭后，为寻求稳定生活环境、优质教育医疗资源，人才倾向向配套完善城市或地区流动；面临购房、赡养老人等经济重压时，高薪工作机会或优厚福利保障，如住房补贴、子女教育津贴等，都可能促使人才重新抉择，优先满足生活基本诉求，确保工作与生活的平衡和谐。

(二) 组织层面

1. 薪酬待遇

薪酬低于市场水平或同行业标准，员工易产生付出与回报失衡之感；福利若不完善，如缺乏保险、带薪休假、节日福利等，会使员工幸福感与归属感大打折扣。此时，外部高薪优渥福利的橄榄枝一旦抛出，人才流失风险骤升。

2. 职业发展机会

组织内部若晋升渠道狭窄、论资排辈现象严重，年轻有潜力员工晋升无望；培训体系不健全，无法助力员工技能更新、知识拓展，以适应职场变化。而外部组织提供定制化培训、轮岗锻炼、导师辅导等多元成长路径，人才为自身增值、实现抱负，自然奔赴更具发展潜力之地。

3. 工作环境

恶劣的物理工作环境，如噪声超标、空间局促、设施陈旧，不仅影响工作舒适度，还可能威胁员工健康；压抑的人际关系氛围，充斥办公室政治、团队协作不畅、上级管理严苛，易让员工身心俱疲。反之，开放包容、和谐融洽的工作环境，能让员工心情舒畅、专注投入，成为吸引并留住人才的磁石。

4. 文化氛围

当组织文化倡导创新冒险，鼓励员工突破常规、试错容错，其与富有创新精神人才一拍即合；若强调团队协作、共享共担，则契合社交需求强烈、乐于合作员工的价值取向。相反，若文化僵化保守，墨守成规，追求安稳的员工或许短期留驻，但进取型人才必然另寻精神家园，追寻与自身理念契合的组织文化归宿。

（三）外部环境层面

1. 社会经济发展水平

在经济繁荣发展的地区，产业多样、机构众多，新兴业态不断涌现，就业机会丰富，发展空间广阔，吸引人才纷纷前往，寻求财富增长与事业突破；反之，经济低迷、产业单一的地区，岗位稀缺、发展受限，人才为了谋求更好的发展，无奈选择外流，导致地区人才流失，发展动力不足。

2. 政策法规

政府出台人才引进政策，如住房补贴、人才公寓、落户便利、科研启动资金等，大幅降低人才生活成本与工作门槛，对高端人才、急需紧缺人才形成强大拉力；产业扶持政策向特定领域倾斜，引导人才流向战略性新兴产业，助力产业崛起；劳动法规保障劳动者权益，若某地执法严格、保障到位，人才安心就业，反之则可能引发人才避而远之的风险。

3.技术变革

新技术催生新职业、新岗位，如人工智能引发机器学习工程师、数据标注员需求，区块链催生区块链架构师、智能合约开发员等岗位，旧有行业式微，使相关人才被迫转型，流向新兴技术关联领域，引发跨行业人才流动潮，重塑人才版图。

四、人才流动管理的有效策略探索

（一）打造良好人才生态

1.建设积极组织文化

组织文化如同组织的灵魂，深刻影响着人才的去留。当组织秉持创新、开放、包容的文化理念时，能为人才营造自由发挥的空间。以某前沿科研机构为例，其倡导"勇于探索、鼓励创新"的文化，吸引了各地顶尖科研人才汇聚，科研人员在宽松的氛围中积极探索前沿课题，取得了多项具有影响力的科研成果；而某文化艺术团体凭借"以人为本、团队协作"的文化，给予成员充分关怀与尊重，成员们将这种情感融入创作与表演中，赢得了观众的高度认可，成员的忠诚度也随之提高，团体得以蓬勃发展。

2.完善人才晋升机制

透明、公正且多元化的晋升通道是人才努力奋进的动力。组织应根据不同岗位序列与层级，明确晋升标准，包括业绩指标、专业技能、领导能力等方面，让人员清楚知道努力的方向。

3.优化福利待遇

薪酬福利是人才物质需求的关键保障。一方面，确保薪资水平具备市场竞争力，依据岗位价值、个人绩效精准定薪；另一方面，丰富福利项目，涵盖健康保险、带薪年假、节日福利、弹性工作制度等，全方位关怀员工生活。

（二）强化培训与发展

1.建立培训体系

依据员工岗位技能需求与职业发展阶段量身定制培训课程，涵盖入职培训、岗位技能进阶、领导力提升等多元模块。例如，新员工入职时，通过系统入职培训快速熟悉组织文化、流程与基本业务知识，顺利融入团队；在职员工可依职业规划参加专业技能特训、管理培训营等，持续提升职场竞争力，实现与组织共成长。

2. 关注员工心理健康

在高强度的工作压力下，人员的心理健康不容忽视。组织可设立心理咨询室，聘请专业心理咨询师定期为人员提供帮助；开展压力管理、情绪调节等培训课程，提高人员的心理承受能力。比如一些教育机构在招生季为员工安排心理疏导讲座，帮助他们缓解焦虑，以更好的状态迎接挑战，降低因心理问题导致的人才流失风险。

3. 提供学习资源

搭建线上线下学习平台，线上汇聚大量专业课程、行业报告供人员自主学习，线下邀请专家学者举办讲座、研讨会，拓宽人员的知识视野。如某大型综合性组织打造内部学习平台，涵盖技术、管理、文化等多个领域的课程，人员可以随时随地学习，不断充实自己，组织的创新活力也得以持续激发。

(三) 优化人员调配机制

1. 定期进行干部任命

根据组织战略目标与业务发展需求，定期审视干部队伍，选拔品德高尚、才能出众、业绩突出且具有领导潜力的人员担任关键管理岗位。通过公开竞聘、民主测评、全面评估等多种方式，确保选拔过程公正透明，让有能力的人担任相应职位，引领团队发展，推动业务高效开展。

2. 评估员工绩效

建立科学绩效评估体系，以 KPI、OKR 等工具量化考核员工工作成果、能力成长、团队协作等表现，定期反馈评估结果，肯定成绩、指出不足，为员工发展提供指引；同时，依据绩效表现实施奖惩，激励员工持续奋进，为人员调配、晋升、激励提供坚实依据。

3. 依据战略和业务需求调配人员

当组织开拓新领域、开展新业务时，准确把握人才需求，从内部选拔有潜力、可塑性强的人员进行跨部门、跨区域调配，组建核心团队；或者有针对性地从外部引进稀缺专业人才，注入创新活力，确保人员布局能够动态

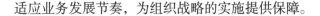

适应业务发展节奏，为组织战略的实施提供保障。

五、人力资源配置与人才流动的协同联动

(一) 两者相互依存的关系

人力资源配置与人才流动绝非孤立存在，而是紧密相连、协同共进。一方面，科学合理的人员配置为人才流动铺就基石，精准明晰各岗位所需技能、知识与特质，洞察员工成长轨迹与潜力，恰似精准导航，指引人才流动方向，确保流动契合组织战略航向，避免盲目与混乱；另一方面，有序的人才流动宛如灵动清泉，为人员配置注入鲜活生命力，新思维、新技术、新视野纷至沓来，激活组织创新潜能，促使人员配置持续优化，与时俱进，适应组织内外部的风云变幻。

(二) 协同联动的重要意义

协同联动意义非凡。于组织内部，两者紧密配合能够快速响应业务变革需求，业务拓展时，高效引入关键人才，内部人才灵活调配，团队迅速组建，抢占市场先机；面临挑战时，冗余人员合理分流，核心人才精准保留，保障组织稳健运营。从创新发展维度审视，不同背景人才会聚碰撞，多元思维交织，点燃创新火花，催生全新业务模式、产品与服务，驱动组织在激烈竞争中脱颖而出，引领行业潮流。

(三) 面向未来的协同发展

放眼长远，伴随经济全球化、技术革新加速，组织唯有将人力资源配置与人才流动协同管理视作核心竞争力精心培育，敏锐捕捉市场人才动态，灵活调整策略，方能在时代浪潮中乘风破浪，迈向持续发展的康庄大道。

第四章 人力资源开发程序与职业生涯管理

第一节 人力资源开发程序

一、人力资源开发的影响因素

人力资源是知识经济最重要的资源，高素质的、具有创新意识的人力资源是企业经济发展的主动力。因此，企业在人力资源开发上需要采取积极措施，以人才创新为目标，从开发内容到开发方法都要做到创新，搞好育才、留才、引才、用才工作，做好人力资源开发工作。

人力资源开发的影响因素如下：

第一，企业制度。企业制度是人力资源开发的基本条件，不同的企业制度对人力资源开发的影响也会不同。在市场经济下，企业千方百计地进行人力资源开发，是为了求生存，谋发展，达到既定的经营战略目标，说白了，就是在激烈的市场竞争中获取利润。但是现实是不少企业的人力资源管理只强调"治"，谈不上"开发"，对人力资源开发的认识严重不足，从而造成这方面工作状况不佳。

第二，薪酬制度。从改革开放至今，很多高素质、高能力的人才流向外国、外企，以及国有企业，一些中小企业都面临人才匮乏的现状。之所以这样，原因之一就在于一些中小企业的薪酬制度不健全，薪酬主要由基本工资、福利、奖金等构成，与全面薪酬制度的差距太大。薪酬制度不完善或落后，导致留不住人才，人才流失严重。

第三，职教制度。职教制度指的是职业教育方面的程序、途径等。职业教育是人力资源开发的重要途径，倘若这方面工作不到位，将会严重影响人力资源开发工作的有效运作。在不少企业内，一个员工要想提升业务技能，更多依靠个人能力去进行知识更新，企业在职业教育上的投入不足，势必会

影响员工职业发展。

二、人力资源开发的程序内容

在知识经济时代，人力资源是第一资源，开发手段日益多样化，在这种趋势下，企业需要综合考虑企业制度、薪酬制度等各方面的影响因素，构建适应自身实际情况的人力资源开发模型及程序，否则难以保证人力资源开发工作的有序运作。

人力资源开发是指一个企业或组织团体在组织团体现有的人力资源基础上，依据企业战略目标、组织结构变化，对人力资源进行调查、分析、规划、调整，提高组织或团体现有的人力资源管理水平，使人力资源管理效率更好，为团体（组织）创造更大的价值。人力资源开发程序：开发需求分析、开发目标确定、开发方案设计、开发方案实施、开发效果评估、开发信息反馈。

（一）人力资源开发需求分析

人力资源开发的第一步是开发需求分析。组织可以通过开发需求分析，从中找到开发的原因、开发人员信息，认清现状与目标间的差距，以及如何达成人力资源开发目标。所以，优秀的人力资源开发需求能够让企业得到最有效的开发战略，确定好开发内容，安排好开发方式。所以，企业要站在战略需求角度上进行人力资源开发需求分析，考虑企业长远发展需求，以及员工对其工作、职业发展等方面的需求，使需求分析细化。

1.需求的影响因素

人力资源需求的影响因素来自两个方面。

（1）内部影响因素。具体因素包括：①生产需求；②劳动力成本趋势；③可利用的劳动力（失业率）；④每一个工种所需要的员工人数；⑤追加培训的需求；⑥每一个工种员工的流动情况；⑦劳动力费用；⑧工作小时的变化；⑨退休年龄的变化；⑩社会安全福利的保障。有效预测组织员工的需求数量，就必须根据宏观环境和组织自身的战略规划，认真研究上述变量，抓住主要变量，并将预测看成是完善组织人力资源需求决策的一个工具，以保证人力资源需求预测更加有效。

（2）外部影响因素。具体因素包括：①国家及行业政策、方针的影响；②宏观经济环境；③技术变革；④价值链上、下游企业的变化；⑤用户的需求变化。

2. 人力资源需求预测的方法和技术

员工需求预测是组织（企业）编制人力资源规划（计划）的核心和前提条件。目前，国内外对人力资源需求进行预测常采用的方法和技术如下：

（1）人力资源现状规划法。人力资源现状规划法是一种比较简单且易于操作的预测方法，一般组织对管理人员的连续性替补多采用这种方法。运用这种方法的前提条件是假设一个组织目前各种人员的配备比例和人员的总数将完全能适应预测规划期内的人力资源的需要。

（2）经验预测法。经验预测法是指利用组织现有的情报和资料，根据有关人员的经验，结合本企业的特点，对企业需要的员工数加以预测。经验预测法可以采用"自下而上"和"自上而下"两种方式。这种方法也不复杂，适用于技术较稳定的企业制订中、短期人力资源预测规划。

（3）分合性预测法。分合性预测法是一种先分后合的预测方法。先分，是指一个组织要求下属各个部门、单位，根据各自的生产任务、技术、设备等变化情况，先将本单位对各种人员的需求进行预测。后合，即是在上述基础上，由计划人员把下属各单位的预测数进行综合平衡，从中得出整个组织将来某一时期内对各种人员的总需求数。这种方法较能发挥下属各级管理人员在预测规划中的作用，但专职计划人员要给予下属一定的指导。这种方法较适用于制订中、短期人力资源预测规划。

（4）德尔菲法。德尔菲法是用来听取专家们关于处理和预测某些重大技术性问题的一种方法。它也常常被用来预测和规划因技术的变革带来的对各种人才的需求。

（5）描述法。描述法是指人力资源计划人员可以通过对本企业在未来某一时期的有关因素的变化进行描述或假设。从描述、假设、分析和综合中对将来人力资源的需求预测进行规划。

（6）计算机模拟法。计算机模拟法是进行人力资源需求预测诸方法中最为复杂的一种，是在计算机中运用各种复杂的数学模型对在各种情况下，企业组织人员的数量和配置运转情况进行模拟测试，从模拟测试中预测出针对各种人力资源需求的各种方案，以供组织决策参考。

（7）模型推断法。运用数学模型进行需求预测在预测中有着十分重要的作用和价值。根据影响因变量因素的多少，此种模型分为单因素模型和多因素模型。影响企业未来人力资源需求的因素很多，为了预测准确，可以建立多因素模型。但多因素模型的建立比较复杂，并需要长期和全面的数据资料。

（二）人力资源开发目标确定

培养具有创新意识的高素质人才是企业人力资源开发的最终目标，但在开发过程中要使目标更细化、更明确化、更针对化。例如，员工的技术、知识、能力要达到什么程度的变化。目标越明确，越利于执行，越便于发现问题，人力资源开发也越有计划性，利于提高开发工作成效。

（三）人力资源开发方案设计

开发方案设计工作主要包括制定开发内容，选择开发手段。方案本身应具有动态性特征，应根据企业实际需求、员工需求及开发工作执行情况而变化，不断调整方案，不断更新内容，以应对临时变化及突发状况。下面以员工培训为例，通过了解不同的员工培训方法，推动人力资源开发方案设计的进一步完善。

培训是企业有计划、有组织、系统地对员工进行知识、技能、价值观、工作态度等内容的培养和训练，使员工达到工作岗位的要求。"人力资源开发培训可以增强企业员工的技能与素质，有效提高企业的核心竞争力。"[1] 员工培训能提高与改善员工的知识、技能与态度，增进员工的积极性，进而提高企业效益、提升组织竞争力，对组织和个人具有重要的意义。员工培训的方法如下：

1. 传统的培训方法

（1）讲座培训法。讲座培训法是指培训者用语言表达其传授给受训者的内容。讲座的形式多种多样，不管何种形式的讲座，都是一种单向沟通的方式，即从培训者到听众。讲座培训法成本最低、最节省时间，有利于系统地

---

[1] 祝剑鹰. 员工培训模式与人力资源开发效果关系分析 [J]. 投资与创业 ,2022,33(17):116.

讲解和接受知识，易于掌握和控制培训进度，有利于更深入理解难度大的内容，而且可同时对许多人进行教育培训。

(2)视听培训法。在教授大量生产性工作的技能和程序时，可采用某些视听设备。简而言之，通过录像带可以展现装配电子设备的工作，以及如何与工作表现差的员工一起工作的场景。采用摄像设备，培训者与受训者共同观察现场的情况，并对学习目标的进展予以迅速反馈。

受训者通过可视光盘可以迅速了解培训的每一过程，可以特别为拥有不同层次知识和技能的员工提供个性化指导。光盘目前用于教授医生如何诊断病情，如何帮助奶制品农场主提高生产力等，最近又运用于处理管理难题，如领导力、监督及人际关系。

(3)学徒制培训法。在职培训的一个分支领域是学徒制培训。学徒制是一种既有在职培训又有课堂培训且兼顾工作与学习的培训方法。该方法是选择一名有经验的员工对受训者进行关键行为的示范、实践、反馈和强化，以达到培训的目的，这些受训者被称为"学徒"。

(4)情景模拟培训法。情景模拟培训法是一种代表现实中真实生活情况的培训方法，受训者的决策结果可反映其在被"模拟"的工作岗位上工作时会发生的真实情况。该方法常被用于传授生产和加工技能、管理和人际关系技能。模拟环境必须与实际的工作环境有相同的构成要素。

(5)案例研究培训法。案例研究培训法是将实际发生过或正在发生的客观存在的真实情景用一定视听媒介，如文字、录音、录像等描述出来，让受训者进行分析思考，学会诊断和解决问题及决策。它特别适用于开发高级智力技能，如分析、综合及评价能力。

(6)角色扮演培训法。角色扮演培训法是设定一个最接近现状的培训环境，指定受训者扮演角色，借助角色的演练来理解角色的内容，从而提高积极地面对现实和解决问题的能力。

2.现代科技培训方法

(1)多媒体培训。多媒体培训是利用各种媒介来生动地展现培训资料的内容，让培训者更易接受和领会培训内容。多媒体包括静态多媒体和动态多媒体两种。静态多媒体主要是使用一些精致的文字和图像，如印刷材料、幻灯片和投影仪等媒介来呈现培训内容。动态多媒体是利用录音带、录像带、光盘等媒介来动态呈现培训内容，多媒体培训可以生动再现培训内容，更易于受训者的理解和掌握。

（2）互联网培训法。近年来，各机构都在积极探索开发信息高速公路作为潜在的计算机培训载体。因为网页可以随时修改更新，在互联网上可以随时更新培训材料，所以修改教材相当简单便捷。互联网上的培训可以为虚拟现实技术、动感画面、人际互动、员工间的沟通和实时视听提供支持。

（3）远程学习培训法。远程学习通常被一些在地域上较为分散的企业用于向员工提供关于新产品、企业政策，或者程序、技能培训和专家讲座等方面的信息。远程学习包括电话会议、电视会议、电子文件会议，以及利用个人计算机进行培训。培训课程的教材和讲解可通过互联网或一张可读光盘分发给受训者。受训者与培训者可利用电子邮件、电子留言板或电子会议系统进行交互联系。远程学习是参与培训项目的受训者同时进行学习的一种培训方式，为分散在不同地点的员工获得专家培训机会，为企业节省一大笔差旅费。该方法存在的不足之处是受训者与培训者之间缺乏互动，而且还需要一些现场的指导人员来回答某些问题，并对提问和回答的时间间隔做出调整。

以上介绍的各种方法其适应范围、培训效果等均有所不同。作为管理者或培训者，在实际工作中如何选择正确的、有效的培训方法是至关重要的。

（四）人力资源开发方案实施

方案实施是人力资源开发目标、开发方案从概念到实现的一个过程，它应当具体化、精细化，否则会影响效果。下面以员工培训开发方案实施为例，实施内容如下：

1.布置培训现场

培训环境的选择与布置是培训与开发计划实施过程中重要的环节，受训者只有在舒适安静的环境中才能够集中精力学习。如果培训现场有很多干扰，会影响受训者的注意力。因此，培训场地要选在相对安静的区域。

培训如果是在室内进行，座位的摆放就很重要，因为座位安排会使培训师与受训者之间形成一种空间关系。座位的安排要根据不同的培训内容和培训形式采用相应的摆放模式，配备固定桌椅的教室比较适合讲座式的培训。比较常用的座位安排方式有三角形、半圆形、扇形、U形、方桌形和圆桌形等。

培训现场的布置还要注意室内的温度、光线、音响等细节问题。此外，培训现场其他材料也应提前做好准备，如纸、笔、桌签、电源插座等。总之，这些细节出现问题也会影响到培训与开发计划的顺利实施。

2. 学员纪律管理

受训者到达培训现场后，要填写签到表，以便培训管理人员统计受训者的到达情况。在培训正式开始前，培训师要简要说明培训时间、内容的安排，提出培训的纪律要求。培训过程中受训者要服从培训师的管理，不随意扰乱课堂秩序，若中途离开培训现场，须向培训师或培训组织者说明情况。

3. 课程导入管理

培训课程的导入环节是课堂教学的开端，一个好的导入将会激发学员的学习热情，起到事半功倍的效果。常用的课程导入有随意交谈法、看图提示法、创设问题法、多媒体导入法等。使用何种方法导入课程取决于课程内容、课程设计及培训师的培训风格。总之，课程导入要合时、合情、合理，能激发学员的学习兴趣，将注意力集中在培训的内容上。

4. 课程结业管理

培训结束后，要对学员进行结业考试，并对考试合格的学员颁发结业证书。考试形式可以根据培训的目的来设计，可以是理论知识，也可以是上机模拟。考试内容围绕本次培训的内容展开，同时能够发挥学员的创造力，考试合格者颁发结业证书。

（五）人力资源开发效果评估

用量化指标对开发效果进行评估，既可以掌握开发工作的执行效果及员工成长情况，也可以为下一阶段的人力资源开发提供基础性资料。人力资源开发效果评估是系统地收集人力资源开发活动成果的信息，以衡量人力资源开发活动是否有效或是否达到预期目标的过程，并为下一步人力资源开发决策提供信息基础。人力资源开发效果评估的具体操作方法如下：

1. 人力资源开发学习认知效果评估

学习认知效果评估是人力资源开发过程中常用的评估层次，从学习认知视角对开发项目参与者的认知效果进行系统、全面的测量和评估，是人力资源开发评估系统中不可或缺的环节。

（1）测试方式。从测试方式来看，传统上最常见的学习测试就是"笔试"。在实际人力资源开发评估工作中也常运用情景模拟测试，即运用模拟工具、计算机或实际设备，让被测试者亲临真实的工作情景，以测试学习所带来的实际技能提高程度。

按照测试组织形式来看，测试有单人测试和群组测试。单人测试是对单个人员学习认识效果进行独立测验，主要针对那些个人认知性的基础知识、技术原理和操作方法掌握程度进行经验测试。群组测试有两种情况，一种是将有关参与者一起组织起来参加集体考试，其所测试的内容与单人测试没有太大区别，只是出于规模效益的考虑将一群人放在一起进行而已；另一种是以小组或团队为单位进行测试，主要测试那些只有相关人员相互配合才能完成的学习认知效果。

（2）测试内容。从测试内容来看，学习测试包括主观性向测试和客观成绩测试。主观性向测试主要是测试学习者的主观判断能力，即面对具体的开放性或不确定性环境时，如何认识、解决和处理情景问题的基本认知态度、行为方式或应变能力。其问题形式一般有论述论文、综合描述、情景回答、评价量表等。客观成绩测试则主要是测试在某一特定学科领域内的基础知识、技术原理和基本操作技能掌握情况，一般有标准的、客观的正确答案，题目形式通常有单项选择、多项选择、排序搭配、正误判断、简单回答等。

根据测试要求来分类，测试有目标测试、达标测试和综合测试。目标测试有基于人力资源开发项目目标要求来进行的测试，有明确具体的答案；达标测试不需要确定学习者的成绩序列，只关注参与者是否符合最低标准；综合测试的要求可能是多元化的，要求学习者展示通过某一开发项目所掌握的综合知识和技能。

此外，在学习效果评估中，在要求不太严格的情况下，有时也可以选择一些非正式方法来进行。例如，学习者进行自我评估；观察学习者练习结果为其打分；通过群体评论比较评价学习效果等。

2.人力资源开发工作行为效果评估

企业员工在知识技能实际应用和转化方面的有效提升，是人力资源开发项目的核心目标，也是事后评估开发项目有效性的重要依据。要准确、系统地评估人力资源开发对员工行为所带来的提升效果，必须事先明确评估范围、数据类别、采集方法和渠道、时间步骤安排、任务分工以及具体负责人。同时，任务负责人要掌握各环节工作技能和方法。

观察法在工作行为效果评估领域得到广泛应用，它是由人力资源管理人员、其他部门主管以及相关领域外聘专家现场观察项目参与者的实际工作行为和工作过程，来记录其工作行为状态并分析其出现的变化，以此判断项目开发对员工工作行为带来的实际改善效果。观察者的专业化水平是提高观察有效性的重要保障，因此，需进行充分的事前准备，以确保对需要观察的信息类别、项目涉及的技术技能、观察过程的具体安排等事项有准确的了解。具体准备工作包括：确定需要观察的行为类别；研究设计观测记录表格；选定并培训观察者；确定观察步骤和时间安排；通知参与者并告知其观察计划；实施现场观察；汇总分析观察数据；编写观察评估报告。

在实际观察过程中，通常采用以下几种方法：①行为清单法。该方法将被观察者的行为状态、动作频率、持续时间、工作效果、劳动强度以及周边工作环境等信息进行编码，构成行为编码一览表，实现对被观察者特定行为的有效记录。②回顾报告法。为保持观察的连续性和完整性，观察者在观察期间不做任何记录，而是在观察结束后或观察某特定间隔中凭借记忆将观察到的行为记录下来。③视频记录法。即采用摄像机技术对被观察者在工作中所产生的工作行为和语言行为进行全程记录。④计算机监控法。主要是通过计算机监控软件对操作人员的操作步骤、工作时间、准确度等方面进行检测，适合应用于长期使用电脑的员工，如计算机软件开发人员等。

(六) 人力资源开发信息反馈

作为人力资源开发的最后一个流程，要求信息反馈必须具有有效性、及时性，能够客观反映整个人力资源开发过程中的相关信息。

第二节　人力资源的职业生涯管理

职业是指一个人为维持自己的生计，同时实现社会联系和自我价值而进行的持续劳动活动的方式。职业是在不同的专业领域中一系列相似的服务。职业生涯，又称职业发展，是指一个人从凭借自己的劳动取得合法收入开始到不再依靠劳动取得收入为止的人生历程。这是一个动态的和不断发展的全部过程。

一、员工职业生涯管理的作用

(一) 职业生涯管理对社会的作用

组织通过职业生涯管理，有效地减少了不必要的人员流动，降低了组织的管理成本，使员工能够在组织内相对稳定地工作，从而减少一些社会不安定因素，使社会变得更加稳定与和谐。

(二) 职业生涯管理对个人的作用

组织指导和参与员工的职业生涯管理，能够使员工充分了解自己，客观地评价自己的能力，明确自己的优势和劣势，获取组织内部有关工作机会的信息，从而确定符合自己兴趣、能力以及组织需要的职业生涯道路，确立自己的职业生涯目标，并为此制订出具体的行动规划，使员工能集中精力，全身心投入工作中去，并不断地鞭策自己努力实现这些规划目标。在这个过程中，员工的素质也会得到进一步的提高。

具体而言，有如下一些主要作用：①更好地发挥个人的长处，在职业生涯中扬长避短；②更好地适应环境，并能把握外部环境中存在的机会；③有利于更好地配置资源，根据自身能力状况，适当地调整个体的职业生涯目标；④有利于个人对职业生涯的控制，使工作与家庭更容易平衡；⑤有利于实现个人职业生涯目标和达到个体人生价值最大化。

(三) 职业生涯管理对组织的作用

通过职业生涯管理，组织对个人的职业生涯目标进行规划和分析，根据员工的特长和兴趣进行工作设计和安排，取长补短，把合适的人安排到合适的岗位上去。这样，一方面，组织给员工提供了更多的发展机会，使员工能够在较短时间内达到职业发展目标；另一方面，使组织的人力资源得到合理配置，人才得到充分利用，降低了组织的管理成本。具体而言，有如下一些主要作用：①进行有效的职业管理，通过个体职业生涯目标的实现来提高组织的绩效；②计划管理与控制员工的职业生涯规划，不仅有利于员工职业生涯目标的成功实现，而且有利于员工职业生涯管理与组织职业生涯管理目标的协调发展、互利双赢；③职业生涯管理有利于组织有效地留住人才和吸引人才，稳定员工队伍，减少不必要的员工流失；④有利于构建和完善组织文化，体现全体员工的价值观。

二、员工职业生涯发展的影响因素

职业生涯的发展，受到很多因素的影响，可能来自员工个人的差异，也可能来自企业或其他诸多方面的差异，但总的来说，主要受到三方面因素的影响：员工个人因素、组织内部因素和环境因素。

(一) 职业生涯的社会环境因素

1. 政治与法律

政治与法律因素主要是指由国家制定的与就业相关的法律法规和政策，这些因素也会间接地影响员工个人的职业生涯发展。因为国家政策和法律法规对每个公民都有强制性和约束力，这些环境因素决定着社会职业岗位的数量、结构，决定着其出现的随机性和波动性，进而影响人们对不同职业的认可程度，并左右着人们对未来职业道路的确定、职业生涯设计的调整与决策。

2. 文化环境

每个员工作为一名社会个体成员，难免受到社会传统文化的影响，共同遵守约定俗成的行为模式，必定影响个人处事和解决问题的思维方式。尤其是处在不同国家或不同地区，这种影响更为明显。例如，美国和日本两个国家对员工在不同企业之间流动这样一个问题就持有不同的态度，日本的企业多数采用终身雇用制，认为一个人在企业中工作一辈子才是忠诚的行为；而美国企业多数采用合同制和聘用制，人员的流动被视为很正常的行为。这些社会传统文化会对个人职业生涯设计与规划产生侧面的影响，也会导致员工个人对其职业生涯规划采取相应的调整。

3. 家庭

家庭是每个人出生与成长的摇篮，每个人从幼年时期就开始受到家庭的重要影响。通过长期潜移默化的作用以及家庭成员的耳濡目染，每个人都逐步形成了自己的价值观和行为模式，并以此模式或标准来学习某些知识和技能，从而影响一个人的职业生涯的期望和目标，并且会影响个人职业生涯方向的选择等。

4. 职业供需状况

员工职业发展还受到宏观劳动力市场以及行业劳动力市场的职业供需状况的影响。从整个社会宏观环境来看，进入 21 世纪等于进入了知识经济时代，信息产业和服务业相关的劳动力市场的职业需求旺盛，个人的职业发展前景也比较好，使得多数人都把职业发展方向定在这些领域。而传统产业的劳动力市场由于其职业安全性低，不利于个人职业生涯发展，也影响了员工个人的职业选择。

(二) 职业生涯的员工个人因素

1. 员工个人对职业的期望

员工个人对职业的期望就是员工个人对他所从事的某项工作或职业的一种希望、心愿和憧憬。这种期望不是凭空遐想出来的，而是员工根据个人的兴趣爱好、价值观、专业能力等自身因素和社会就业供需等外部因素动态协调之后的结果。它直接反映出员工个人的职业价值取向，与职业供需状况、工作收入和待遇状况等因素又有密切的联系，这种期望会随着上述因素的变化而变化。

2. 员工个人的自我评估

要想制订出好的职业生涯发展规划，充分发挥个人的职业潜能，员工个人首先应该进行正确而客观的自我评估。很多员工就是由于缺乏这方面的认识，对自己估计不够或不准，从而没有选择适合自己的职业生涯目标和职业发展道路。所以，在设计职业生涯发展目标之前，员工个人应该通过对自己的兴趣、志向、性格、拥有的知识和技能等情况进行认真的分析或充分的了解以后，对自己的优劣势做出正确、客观的评估。

3. 员工自身的能力

从组织发展的角度来看，特别是对企业而言，这里的能力主要是指工作和劳动的能力，即通过对各项知识和资源的灵活运用而进行生产、研发、销售等活动的技能和才干。能力具体包括身体素质和智力能力。在智力能力方面现在又有一个说法叫"智商"和"情商"。

（三）职业生涯的组织内部因素

1. 组织对员工的职业指导

员工个人要想设计制订出好的职业生涯规划，也需要组织的帮助，更需要组织对员工个人进行正确的评价，并为员工提供合适的发展机会，正确指导员工职业生涯发展目标的制定。同时，组织还可以为员工提供有效的信息渠道，帮助员工科学客观地评估自己。此外要适时地向员工传达关于职务空缺的信息，让员工能够清楚地了解组织中晋升的机会，从而使员工能够更好地对职业生涯进行规划。

2. 组织中的"软环境"

组织中的"软环境"包括组织的管理制度、企业文化、领导者的素质和观念等，这种"软环境"虽然没有对员工个人职业生涯进行具体指导和规范，但却对员工个人职业生涯的发展有着无形的影响力。具体而言，管理制度是从形式上影响着员工的职业生涯发展，而企业文化则是从本质上向员工渗透企业的价值观和经营哲学，从而影响员工对职业的选择。

三、员工职业生涯设计与管理

（一）个体职业生涯设计

个体职业生涯设计是从个人自我角度出发，根据自身特点，对所处的组织环境和社会环境进行分析，制订自己一生中的事业发展战略思想与计划，包括学习、职业选择、职务晋升等。

在职业生涯的自我设计中，个人可以通过分析自我、准确评价个人特点和强项，在职业竞争中发挥个人优势。通过外部环境分析，可以发现职业机遇。在此基础上，个人还可以评估个人目标和现状的差距，准确定位职业方向，获得职业发展动力。因此，个人开展职业生涯的自我设计非常重要。

1. 个体职业生涯设计的原则

个体职业生涯设计的过程是个体探索自我、科学决策、统筹规划的过程。为了保证职业生涯规划设计的实用性和科学性，一般应遵循以下四个原则。

（1）量体裁衣原则。这是做好职业生涯设计应当始终遵循的原则，也是最重要的原则。人与人之间的内在、外在条件都有很大的差异，其发展潜力无疑也会有很大不同。因此，职业生涯设计是一项完全个性化的任务，没有统一的定式，需要结合个体的具体情况与特点进行"量体裁衣"式设计或"定单式"设计。

职业生涯设计前，不仅要对个体的内在素质，比如知识结构、能力倾向、性别特征、职业喜好等进行全面的测评，而且要对个体外部的职业环境和职业发展的资源等进行系统的评估。既考虑个体的职业发展动机，又要注意其成功的可能性，从而为个体"量体"设定相应的职业发展目标和具体的发展规划。

（2）可操作性原则（或可行性原则）。每个人都说有目标规划，但并非每个人都可以实现自己的目标，完成自己的计划，甚至有人根本不知道自己是否完成了计划，这就是目标和计划的可操作性。职业生涯设计是为个体设定达成理想目标的规划和步骤。因此，这些内容本身应该是具体明确的，而不是空洞的口号，即目标要有清晰性，个人职业生涯设计的目标必须明确具体，实现目标的行动计划和方案也应尽可能详细，要分阶段、分内容、分步骤地进行。

职业生涯的可操作性，主要包括目标的可实现性、计划的可行性和效果的可检查性三个方面。所谓目标的可实现性，是指个体目标的敲定应该建立在个体现实条件的基础上，是对个体现实资源的真实评估和科学预期，是可以达到的目标，而不能是追新逐异或好高骛远的空想。所谓计划的可行性，就是指为个体制订的计划是非常具体的，是依据其现有能力制订的可以完成的行动计划。所谓效果的可检查性，就是说目标的可实现性和计划的执行情况都是以客观事物为评估标准，是可以度量和检查的。

（3）灵活性原则。对职业生涯发展来说，人生的不同阶段承担着各自的发展任务，需要解决相应的发展问题。因此，职业生涯设计也应该结合个体的年龄特征，确定具体的发展方向，制定阶段性的发展目标，在现实与最终目标之间设定一个阶段性目标。就像从山脚到山顶的一级级台阶，每迈一步都能够感到自己在朝终极目标前进，奋斗的过程就变得不那么缥缈，而是更具体、真实，有脚踏实地的感觉。

随着时间的推移，个人的自身条件、外部的资源、条件等环境因素也呈现出动态变化特征。这就要求所设计的目标存在可调整的空间，可以根据实际情况进行改变，即使是最终目标，也需要结合不同阶段性目标的完成情况而不断进行修正，体现出各个阶段职业生涯设计的目标、路线和方法具有一定的灵活性和适用性。

（4）发展性原则。发展性原则是指个体在设计职业生涯发展规划时，不能局限于个体当前的发展，而是要考虑个体未来的职业发展空间。职业生涯设计要有超前性和预测性。因此，职业生涯设计应该基于影响职业发展的核心因素和本质因素而不是根据表面现象进行。比如，个体对企业文化的认识、合作与责任意识的水平可以长期影响个体的职业发展，而个人的外部形象和面试技巧只能够说明个体短期的职业状况。因此，职业生涯设计要注重更核心和本质的因素，从个体发展的角度上结合外部环境进行好职业生涯规划设计。

（5）持续性原则。持续性是指职业生涯规划应贯穿员工整个职业生涯过程，每个发展阶段都应该有明确的计划，并且能够持续而连贯地衔接，最终实现个人的职业生涯目标。持续性也即稳定性，主要指每个阶段的职业目标和行动路线前后能够有效衔接，具有一致性，不能前后相互冲突。稳定性并不意味着每个阶段的职业目标和行动不可改变，而是意味着总体上而言，前一阶段要为后一阶段乃至终极职业目标服务。

2. 个体职业生涯设计的内容

职业生涯设计依据对个人素质的全面测评，设定个体的长远目标和近期目标，并规划个人职业发展的具体步骤，其主要面临的任务有以下四个方面：

（1）确立职业发展的目标和方向。目标既代表着个人的理想追求，也指引着个人行动的方向。因此，设定具体可行的职业发展目标不仅是个人职业生涯设计的首要任务，也是最关键和最核心的任务。理想的职业发展目标不仅应该符合个体的性格、兴趣，而且应该具有一定的挑战性。该项任务是个人在职业咨询师指导下独立完成的。首先，运用各种测评手段了解到自己的能力、性格和兴趣偏好；然后，思考自己的外部环境和职业发展资源；最后，为自己设定一个具体的发展目标。

（2）制定职业发展的策略。确定目标之后，接着就要考虑如何达成目标。此时，个体在职业指导师的指导或帮助下为自己的目标制定相应的策略。当然，根据个体的实现差异，可以选择的有效策略多种多样，但是大致可分为以下三类。

第一，一步到位型。针对在现有条件下可以达成的职业目标，动用现有的资源很快实现。比如，希望做行政管理人员，就通过参加公务员考试一步到位。

第二，多步趋近型。对于那些目前无法实现的目标，先选择一个与目标相对接近的职业，然后逐步趋近，以达成自己的理想目标。比如，想做企业老板，但目前没有足够的资本，因此先给别人打工，以积累资源。

第三，从业期待型。在自己无法实现理想目标，也没有相近的职业可以选择的情况下，先选择一个职业投入工作，等待机会，以实现自己的理想目标。比如，自己想去外企发展，但没有相应的机会，而现在唯一的机会是在中学教书，因此先就业再择业，等待机会再求发展。

（3）明确具体的职业生涯发展途径。个体要明确自己职业生涯的发展途径，这是职业生涯设计的一项重要任务。设计可行的职业发展路径是实现理想目标的必要条件，职业发展路径需要贯穿人的一生。在生活中，每个人都会面临很多选择，个体要认真思考每种可能选择的发展道路，包括可能达成的目标、遇到的困难、外界的评价、所需的帮助等。因此，帮助个体设定科学可行的职业生涯发展途径需要丰富的职业指导经验，这也是职业生涯设计中最困难的任务。

（4）设计具体的活动计划。确定了发展途径之后，个人要设计具体的活动计划。活动计划的设计主要考虑其可操作性。首先从个人的实际情况出发，根据细化的子目标，制订具体职业活动的时间表，并保证效果的可检查性。当然，因为外部环境的可变性，制订职业生涯计划更需要考虑有调整的空间。此外，在设计这些工作内容的同时，组织也要帮助个人解决求职过程中的一般心理问题，如择业观念、婚姻家庭态度、情绪化问题、行为模式等。从严格意义上讲，这些问题并不属于职业生涯设计与管理的领域，但个人的心理问题会直接影响个人职业生涯目标的达成或计划的执行与实施效果。所以，帮助个人调节自身的心理状态也是职业生涯设计与管理的一个不可忽视的任务。

3. 个体职业生涯设计的步骤

在明确了职业生涯设计的内容之后，就要通过科学合理的步骤来制订职业生涯规划。个人职业生涯设计一般通过员工自我评估、职业发展机会评估、职业方向和职业发展目标的设定、职业生涯路线的选择、制订行动计划和实施策略、评估与调整这六个步骤来完成。

（1）员工自我评估。个人在确立了职业生涯的意识和愿望之后，应该对自己和职业间的关系进行深层思考和判断。首先应该客观、全面地分析和评价自己，对自己目前的状况和条件进行分析（若过去工作过，需要对过去的职业生涯进行总结），对自己的潜能进行测评，明确自己的预期发展目标。然后是具体评估，通过对这些因素的分析，了解自己已经做了什么、想做什么及有能力做什么。

（2）职业发展机会评估。职业发展机会评估主要是指分析内外环境因素对自己职业生涯发展的影响。要客观、全面地了解和分析内外环境因素，包括对组织内部环境和社会环境因素的分析。组织内部环境因素包括组织的市场竞争力、组织文化和管理制度、主要领导人的素质和能力等；社会环境因素包括政治、法律、经济、文化、行业环境等。同时，还应该认真分析自己与内外环境的关系，自己在各种环境中的地位、环境的有利和不利条件等。

（3）职业方向和职业发展目标的设定。在自我职业发展机会评估的基础上，个人需要进行职业方向和职业发展目标的设定。职业方向的选择要综合考虑多方面的因素，关键是将个体的基本条件同职业相关要求进行匹配，即职业锚、职业性是否与职业匹配，个体兴趣、特长是否与职业匹配，环境是否与职业相适应等。设定职业发展目标是职业生涯规划设计的核心。

（4）职业生涯路线的选择。职业生涯路线的选择是指个体在选择职业之后，决定应该从什么方向实现职业生涯目标，是向专业技术方向发展，还是向行政管理方向发展呢？发展方向不同，职业发展的要求和努力的方向就不同。而从另一个角度看，职业生涯设计的路线可以是立足于原来职业的发展路线，也可以是转变职业、寻求新的职业目标和职业发展路线。不论选择什么样的职业生涯路线，都应该根据自身状况和环境的变化来决定。

（5）制订行动计划和实施策略。明确职业生涯目标后，个人应该制订相应的行动计划和实施策略来确保职业生涯目标的实现。实现职业生涯目标的行动计划包括再教育、工作、技能培训、人际关系拓展等，还包括平衡职业目标与个人其他目标（如家庭目标、生活目标）而做出的努力措施，通过这些努力确保个体在工作中的良好表现和工作业绩。行动计划和实施策略应该尽量做到详细具体、可操作性强，以便更好地落实职业生涯规划。

（6）评估与调整。任何计划都不可能做到十全十美、万无一失，而且随着个人自身状况与内外部环境条件的变化，职业生涯设计规划的适应性也会随之变化。因此，在制订和落实职业生涯规划过程中，应该不断地反馈和检验职业方向、职业目标和实施策略是否符合当时的情况，能否继续进行。如果出现不符合实际的自我评估、职业目标和实施策略，应及时进行适当的调整和修正，并总结经验教训，使其重新适应个人的职业生涯发展，促使个人职业生涯活动按步进行。

（二）组织职业生涯规划管理

员工职业生涯规划与管理要在组织的职业生涯规划管理工作中得到实施，因此，组织要将个人职业发展需求与组织的人力资源需求紧密联系起来，并帮助个人规划好他们的职业生涯，通过员工和组织的共同努力与合作使每个个体的职业生涯目标与组织发展目标相一致，促使员工个体职业生涯规划目标和组织职业生涯规划管理目标互利共赢，与企业发展相吻合，这就是组织职业生涯规划管理的实质性内涵。

1.组织职业生涯规划的原则

(1)利益结合原则。利益结合原则是指在制订组织职业生涯规划过程中，要坚持个人利益、组织利益和社会利益三者相结合的原则。坚持利益结合的原则，就要正确处理好个人发展、组织发展和社会发展三者之间的关系，寻找个人发展与组织发展的利益结合点，这样才能保证职业发展的成功。任何人都不能脱离组织和社会而独自发展，员工需要在一定的组织环境和社会环境中学习和发挥才能，没有组织和社会的承载，个人的才能或价值将无法发挥，职业目标也无法实现。同样，组织也应该承认并尊重个人的目标和价值观，并尽可能地使个人的价值观、能力和努力同组织的发展和需要联系在一起。

职业生涯开发与管理必须重视协调组织与管理人员之间的矛盾和冲突。组织的人力资源战略管理，也应该以利益结合点为基础，充分尊重每个人的性格和发展意愿。

(2)公平公正原则。公平公正原则，是指组织公平、公开和公正地开展职业生涯规划的各项工作和活动，即组织在为员工提供有关职业发展的各种信息、教育及培训机会、职业晋升机会等时，应当机会均等、条件公平，并保持较高的透明度。该原则使员工的人格、价值观受到组织尊重，感受到人人平等的待遇，能调动员工的劳动积极性。但是，平等不意味着平均，要在组织发展的不同时期采用不同的用人制度，以适当地刺激员工竞争、不断上进的心理。

(3)共同性原则。共同性原则是指职业生涯规划制订和实施过程应该由组织和员工双方共同参与完成，缺少任何一方的参与，职业生涯规划都是难以完成的，都不会达到它应有的效果。如果组织职业生涯规划脱离客观实际，忽视了员工的发展要求，那么员工只能被动接受组织安排，而不利于其个人的职业发展。如果员工刻意不参与组织职业生涯规划，那么组织的安排和用心也会化为泡影，使组织的发展和个人的发展都会受到限制。因此，为了避免双方利益都受到损失，必须坚持组织和个人共同制订和共同实施的职业生涯规划原则。

(4)时间性原则。时间性原则是指职业生涯规划中每一个目标都有两个时间坐标：起点和终点，即开始执行目标的时间和最终实现目标的时间。如果只有目标，而没有为之付出的实际行动，那么预期目标永远都不可能实现。从某种意义上来说，开始执行目标的时间比最终实现目标的时间更重要。人的职业生涯发展有不同阶段的发展周期，因此，应该将职业发展规划的内容划分为不同的时间段，而每个时间段都有两个明确的时间坐标，这样的职业生涯规划才会有其实质性意义。

（5）发展创新性原则。创新是当今时代发展的核心要素，是组织不断发展的动力源泉。同样，在组织制订职业生涯规划过程中，也应该坚持发展创新性原则，提倡采用创新的方法、创新的思路解决常规问题和新出现的问题和矛盾。在职业生涯规划与管理的过程中，应该让员工充分发挥自己的技能和潜力，积极地发挥其创造力，而不是仅仅被动地接受组织的规章制度，按部就班地工作。要让员工明白职业的成功不仅仅是职务上的提升，更重要的是工作内容的转换或增加、责任范围的扩大、创造性的增强等内在质量的变化。在职业生涯规划目标制订与实施的全过程中，都要让员工充分发挥其创新性。

（6）全面评价原则。全面评价原则是指对职业生涯规划进行全方位、多角度和全过程的评价，将评价结果反馈到组织和个人，并对存在的问题进行及时调整和修正，从而正确了解与认识员工的职业发展状况和组织对个人职业生涯规划与管理的现状。这个全面评价过程由组织、员工及其他对组织职业生涯规划有重要影响的人（如家人、朋友、职业咨询专家等）共同参与完成。

2.组织职业生涯管理的内容

（1）在招聘时重视应聘者的职业兴趣并提供较为现实的发展机会。企业在招聘人员时既要强调职位的要求，又要重视应聘者的愿望和要求，特别要关注其基本条件。

企业在招聘时要注意的另外一点是要真实地向应聘者介绍企业的情况及未来可能的发展机会。否则，由此造成的误解将影响应聘者对企业的忠诚，提高其辞职的可能性。

（2）提供阶段性的工作轮换。工作轮换对员工的职业发展具有重要意义。它一方面可以使员工在一次次的新尝试中了解自己的职业性向和职业锚，更准确地评价自己的长处和短处；另一方面，可以使员工经受多方面的锻炼，拓宽视野，培养多方面的技能，从而为将来承担更重要的工作打下基础。

（3）提供多元化、多层次的培训。培训与员工职业发展的关系最为直接，职业发展的基本条件是员工素质的提高，而且这种素质不一定要与目前的工作相关，这就有赖于持续不断的培训。企业应建立完善的培训体系，使员工在每次职业变化前都能得到相应的培训；同时，也应激励员工自行参加企业内外提供的各种培训。

（4）实行以职业发展为导向的考核。考核的真正目的是实现激励员工进取以及促进人力资源的开发。考核更重要的是促使员工了解怎样在将来做得更好。以职业发展为导向的考核就是要着眼于帮助员工发现问题和不足，明确努力的方向和改进的办法，促进员工的成长与进步。为此，必须赋予管理人员培养和帮助下属的责任，把员工的发展作为衡量管理人员业绩的重要标准之一，并要求管理人员定期与员工沟通，及时指出员工的问题并与员工一起探讨改进对策。

（5）进行晋升与调动管理。晋升与调动是员工职业发展的直接表现和主要途径。企业有必要建立合理的晋升和调动的管理制度，保证员工得到公平竞争的机会。

3.组织职业生涯管理的步骤

组织职业生涯规划与管理的步骤一般包括四个阶段：准备阶段、计划阶段、实施阶段、总结与反馈阶段。

（1）准备阶段。准备阶段主要是进行人力资源状况的分析，结合人力资源规划和员工职业生涯调查与访谈情况，制订符合本组织所处环境和特点的职业生涯规划与管理的政策和方法。在这一阶段，首先要明确职业生涯规划与管理政策，确定组织实现职业生涯规划与管理的目标，帮助并指导员工进行个人职业生涯倾向诊断，进而明确整个组织人力资源状况和职业发展状况，为下一阶段职业生涯设计做好准备工作。其次，制订员工个人职业生涯规划草案和分类员工职业生涯草案，组织编写好人力资源管理相关文件（如工作岗位说明书），如对各类职位（岗位）的特点、职责及要求进行明确的描述，对各职位（岗位）的发展方向及需求状况进行情况反馈。最后，还要充分了解与收集每一位员工的学识、态度、兴趣和爱好、职业价值观等情况，并进行归档保存和及时更新，以指导员工正确选择理想的职位，努力促使员工职业生涯的发展与其本人的兴趣、能力、特长等相匹配。

（2）计划阶段。计划阶段主要是进行员工职业生涯的设计，制订和完善计划。在上一阶段的员工个人评估、组织因素评估、社会因素评估的基础上，进行职业生涯机会评估，确定职业生涯目标，正确选择职业生涯路线。在这一阶段，组织要和员工沟通并达成一致，设计与制订好员工职业生涯规划。在人力资源规划阶段，组织在总体战略指导下，制订各相关计划，包括职位编制计划、人员补充计划、人员流动计划、人员晋升计划和薪酬调整计划等。员工职业生涯设计要以这些规则和计划为依据，尽量在个人职业生涯追求和实际需要之间达到平衡。

（3）实施阶段。这一阶段主要是根据人力资源规划和各项计划以及员工职业生涯目标，开展相关的培训、开发、评估和人员调配等活动。

第一，职业胜任化素质评估。根据单位部门和岗位的基本职责，确定各类各级的职业胜任素质要求，进一步将职业生涯管理与员工绩效管理工作结合在一起，实现员工职业生涯发展与绩效改进之间的互动。绩效评估的结果是员工职业生涯调整与决策的重要依据。

第二，开展针对性的职业培训。职业培训应在业绩、能力考评的基础上进行，以帮助员工达到职业发展目标。

第三，有效地进行职业指导。在许多大中型组织内，都设立了员工职业评估指导中心，配备了职业指导师，对员工进行职业生涯规划指导。

第四，为员工开辟职业通道。职业通道是职位变换的柔性路线，是员工顺利达到职业生涯目标的路径。设置员工职业发展通道，组织首先应建设通道，如管理系统发展通道、专业技术系统发展通道、市场系统发展通道等；其次，可不拘泥于单条通道，还可以设置多条辅助通道向主通道发展。

第五，完善与运用多种策略与方法。组织要帮助员工依据组织需要和个人情况制定前程目标，找出达到目标的手段与措施。重点是协助员工在个人目标与组织实际存在的机会之间，达到更有效的结合，创造互利双赢的好结局。

组织对员工职业生涯规划管理，还要完善各项管理规章制度，灵活运用多种管理策略与方法。例如，改善员工的工作环境，包括尽量提供员工合适的工作岗位，建立企业内部的人才市场，加强员工的技能培训与继续教育，强化企业文化建设等。另外，通过人力资源规划与管理活动（如调任、轮岗、绩效评估等）结合企业的人力需求情况，尽可能为员工提供发展机会，为员工制定合理的发展目标，将组织的职业生涯规划与管理工作融入企业的总体人力资源管理活动之中。

（3）总结与反馈阶段。任何一项工作都需要总结与反馈，组织职业生涯规划与管理的总结反馈阶段，一方面，是总结每一个人职业生涯的发展情况；另一方面，是进行组织的整体职业生涯规划与管理工作的现状分析，总结经验和不足，为指导下一步的组织职业生涯规划与管理工作提供依据。许多企业现在的总结反馈方法是一年一次或半年一次的考评总结，组织内的各层级员工在规定的考评指标内，进行多层次、多方位的业绩考核，每一位员工都对一年或半年来的工作情况进行回顾与总结，反思得失，找出不足，然后针对员工职业生涯规划的内容进行自我调整，使职业生涯规划与管理工作更具客观性、科学性和实用性。

第五章 培训管理体系精研

第一节 培训管理体系的构建

一、明确培训目标——前进的灯塔

在构建人力资源培训管理体系时，明确的培训目标宛如在茫茫大海中为船只指引方向的灯塔，至关重要。培训目标绝非凭空臆想，而是需要紧密依据组织战略与员工需求来精准确定。

（一）基于组织战略确定培训目标

从组织战略层面来看，不同类型的组织战略重点各异。若组织采取扩张型战略，意图迅速开拓新市场、推出新产品，那么培训目标便侧重于培养员工的创新能力、市场开拓技能以及跨部门协作能力，使其能够勇于尝试新业务模式，敏锐捕捉市场机遇，高效协同不同团队推动业务扩张；而稳定型战略下的组织，更注重维持现有业务的平稳运行，此时培训目标聚焦于提升员工的专业熟练度、优化现有流程的执行能力，确保各项工作精确无误、高效有序。

（二）基于员工需求确定培训目标

深入了解员工需求同样不可或缺。这要求运用科学的调研方法，如问卷调查、面谈交流、绩效数据分析等。问卷调查可广泛收集员工对自身技能短板、知识渴望以及职业发展期望的反馈；面谈交流则能让管理者近距离倾听员工心声，挖掘他们在工作中遇到的难题与培训诉求；绩效数据分析通过剖析员工的业绩表现，精准定位知识与技能的欠缺之处。例如，通过绩效数据分析发现某团队员工在项目交付时间上频繁延误，经深入调研得知是由于时间管理与项目统筹能力不足，这便为培训目标的设定提供了关键线索。

(三) 培训目标的维度与特性

一个合理且精准的培训目标，应当全方位涵盖技能提升、知识扩充、态度塑造三个维度。技能提升旨在让员工熟练掌握本职工作所需的专业技能，以及适应未来发展的新兴技能；知识扩充是丰富员工在行业前沿知识、专业理论等方面的储备；态度塑造则着重培养员工积极的工作态度、团队协作精神与创新进取意识。同时，培训目标必须具备可行性与可衡量性，即能够在既定资源与时间条件下达成，且可以通过具体指标进行量化评估。以某互联网项目团队为例，其培训目标设定为在三个月内使成员掌握敏捷项目管理技能，通过后续的项目交付周期缩短、客户满意度提升等量化指标，清晰地验证了培训目标的达成效果，充分彰显出明确培训目标对培训工作的引领与推动作用[①]。

二、精细培训需求分析——精准定位

精准的培训需求分析如同精细的导航仪，能确保培训资源精准投放，切实满足实际需求。这一过程需从组织、岗位、员工个人三个层面深度剖析。

(一) 组织层面的培训需求分析

组织层面，重点关注组织战略与业务发展需求。当组织谋划开拓新业务领域，例如传统制造业向智能制造转型，那就得分析现有员工在数字化技术、智能设备操作与管理等方面的知识技能差距，进而确定与之适配的培训方向；若业务流程优化重组，需审视员工对新流程的熟悉程度和执行能力短板，为针对性培训提供依据。可通过研究组织战略规划文档、与高层领导研讨、分析业务数据等方式，精准把握组织层面的培训需求。

(二) 员工个人层面的培训需求分析

员工个人层面，综合考量员工绩效表现、职业发展规划等因素。绩效评估结果能直观反映员工在工作成果、质量、效率等方面的不足，如某员工项目交付频繁延期，经分析是时间管理与任务优先级排序能力欠佳，这便是

---

① 刘潇. 信息化背景下人力资源管理的改革和创新 [J]. 老字号品牌营销,2022(24):59-62.

其培训需求点；员工的职业发展规划同样不容忽视，渴望晋升管理岗位的员工，急需领导力、团队管理、决策分析等方面培训，助力其职业进阶。

(三) 培训需求信息收集方法

在收集培训需求信息时，问卷调查可广泛覆盖员工群体，了解普遍诉求；面谈能深入挖掘员工内心想法，获取个性化需求；观察法则聚焦员工工作现场，发现实际操作中的问题。多种方法协同运用，相互印证补充，保障收集信息的全面性与准确性，让培训需求分析真正做到有的放矢，为后续培训体系构建筑牢根基。

三、打造多元培训内容体系——知识宝库

培训内容犹如一座丰富多元的知识宝库，只有具备广泛且针对性强的内容，才能满足不同成员的成长需求。

(一) 专业技能培训

专业技能培训围绕各部门、各岗位的核心工作任务展开。科研部门专注于前沿学术研究方向、课题研究流程优化、实验技术提升等课程，帮助科研人员紧跟学术前沿，提高研究成果产出质量；业务执行部门涵盖业务流程精细解读、专业规范精准把握、质量监控要点等培训，确保工作质量稳定，业务流程高效运转；宣传推广团队着重提升受众需求洞察、宣传技巧精进、专业知识深度掌握等能力，以增强宣传效果。通过细分岗位技能需求，为成员提供精准的能力提升，助力其迅速成长为岗位骨干。

(二) 管理能力培训

管理能力培训面向有晋升潜力或已在管理岗位的成员。领导力培训课程从战略规划眼光、决策智慧、团队引领魅力等方面雕琢领导者素养；沟通协调课程致力于打破团队协作中的沟通障碍，传授向上沟通、跨部门协作、冲突解决的有效策略；项目管理培训帮助学员熟练掌握项目规划、进度把控、资源调配、风险应对等全流程管理，确保项目高质量完成。这些课程为组织培养优秀管理人才，推动管理效能提升。

(三) 职业素养培训

职业素养培训是成员成长的重要基石。团队合作培训通过拓展活动、小组项目实践等方式，强化成员的协作意识，让他们领悟团队协作的力量大于个体之和；职业道德培训深入剖析诚信、保密、敬业等职业准则案例，筑牢成员的道德底线；时间管理与压力应对课程传授高效工作方法，帮助成员平衡工作与生活节奏，保持良好的工作状态。

鉴于成员基础与成长阶段不同，培训内容应分层设计。新成员入职培训注重组织文化融入、基础岗位技能启蒙，采用通俗易懂、实操性强的教学方式，如入职引导、岗位实操演练等，帮助他们快速适应新环境；资深成员培训聚焦前沿知识拓展、复杂问题解决、领导力进阶，引入行业前沿案例研讨、专家高端讲座等形式，激发他们深度探索与突破创新。

四、创新培训方式方法——激发潜能

传统讲授式培训虽有知识系统性传递的优势，但往往互动性欠佳，学员多处于被动接收状态。与之相比，线上线下混合式培训脱颖而出。线上学习平台如同一座知识宝库，汇聚海量课程资源，员工可依据自身节奏随时随地开启学习之旅。

线下体验式培训别具一格，它以学员为核心，让学员在亲身参与中领悟知识技能。拓展训练中的"信任背摔"，学员从高台后仰倒下，依靠团队成员用手臂搭建的"安全网"承接，这一过程瞬间拉近团队成员情感距离，让学员深切体会信任的力量，领悟团队协作精髓；沙盘模拟经营课程，学员分组模拟运营商家，面对市场竞争、资金周转、战略决策等难题，如同置身真实商战，激发创新思维与应变能力，培养全局视野与决策智慧。

五、组建卓越培训师资队伍——智慧引航

在人力资源培训体系中，师资队伍仿若领航的舵手，掌控着培训航向，其素质高低直接左右培训成效。内部讲师与外部讲师各具千秋，组织需审慎权衡、巧妙运用，方能组建出卓越的师资团队。

(一) 内部讲师的优劣及选拔培养

内部讲师优势显著,他们扎根于组织内部,对组织文化、业务流程、员工特性了如指掌,培训时能精准直击痛点,紧密贴合实际需求,所举案例皆源于日常工作,让学员倍感亲切、易于理解,仿佛是身边经验丰富的同事倾囊相授。然而,内部讲师亦有短板,他们在授课技巧、知识体系的广度与深度上,常不及外部专业讲师,且因日常工作繁忙,投入备课、培训研发的精力有限,培训形式或稍显单一。

选拔内部讲师时,要设定严苛标准。专业能力方面,需在本职领域出类拔萃,拥有扎实知识与精湛技能,能深入浅出地讲解复杂问题;教学能力上,具备良好表达、沟通与课堂掌控力,能以生动方式传授知识,激发学员兴趣;分享意愿至关重要,乐于将经验、技巧无私分享给同事;学习能力也不可或缺,能紧跟行业趋势,持续更新知识储备。至于选拔途径,可鼓励员工自荐,挖掘有潜力、热情高的员工;部门推荐能将业务骨干、技术精英推举出来;还可依据绩效表现,挑选工作出色且善于总结的员工。

内部讲师一经选出,后续培养刻不容缓。系统培训是关键,涵盖教学设计、授课技巧、课件制作等基础课程,助其掌握教学门道;安排观摩学习,向优秀讲师取经;搭建实践锻炼平台,让其在实战中打磨授课能力;组织定期交流研讨,分享经验、共解难题,携手成长。

(二) 外部讲师的优劣及筛选管理

外部讲师恰似一阵新风,能为组织注入别样活力。他们来自五湖四海,拥有广阔行业视野、深厚专业知识与前沿理念,能为学员开启全新认知窗口,带来创新性思维与先进实践经验,培训风格往往活泼多元,凭借丰富阅历牢牢吸引学员注意力。不过,外部讲师也存在弊端,他们对组织了解浮于表面,培训内容可能与实际契合度欠佳,落地性不足;且聘请成本颇高,包括授课费、差旅费,若选错讲师,还易造成资源浪费。

寻觅外部讲师时,需拓宽渠道、精挑细选。专业培训机构是一大来源,这些机构师资库庞大,能依据需求精准匹配讲师,且对讲师有一定质量把控;行业专家凭借深厚造诣与实战积累备受青睐,他们见解独到、经验宝贵；高校教授、学者理论功底深厚，擅长传授前沿学术知识与系统理论体系，适合开展深层次培训。筛选过程中，要全方位考察讲师背景，包括从业经历、授课成果、客户口碑等；深入沟通培训需求，看其能否精准把握要点、定制方案；安排试讲试听，直观感受授课风格、专业水平，判断是否契合学员口味。

为高效管理师资队伍，建立师资库势在必行。将讲师信息、擅长领域、授课评价等详细录入，便于精准检索调用；构建科学评估机制，综合学员反馈、培训效果、知识更新等维度考核，为讲师定级评优；设立合理激励机制。

六、优化培训管理流程——顺畅保障

顺畅且高效的培训管理流程恰似精密运转的齿轮组，是培训工作有序推进的关键保障，涵盖培训计划制订、组织实施以及效果评估三大核心环节。

(一) 培训计划制订

培训计划制订环节，需全方位考量组织战略目标、员工培训需求、可用资源等要素。依据组织战略，明确各阶段培训重点方向，若组织计划拓展海外市场，外语培训、跨文化交流培训便成为优先项；深入分析员工需求调研结果，精准确定不同岗位、不同层级员工的培训内容，如新入职员工侧重基础技能与组织文化培训，资深员工聚焦前沿知识与领导力提升；同时，结合培训预算、师资、场地等资源状况，合理安排培训时间、频次与规模，制订出详尽且切实可行的培训计划，明确培训课程名称、目标、内容大纲、授课方式、时间节点以及预期达成效果等。

(二) 培训组织实施

组织实施环节，犹如一场精心筹备的演出，需协调多方资源，确保万无一失。培训场地的选择要契合培训形式，理论讲授可选安静舒适的教室，实操培训则需配备专业设备的实训场地；培训物资准备齐全，教材、资料、教具等应有尽有；培训师资提前沟通，确保按时就位、授课质量上乘；合理安排学员分组，促进交流互动。培训过程中，强化现场管理，严格考勤制度，实时关注学员状态，及时处理突发状况，保障培训按计划顺利推进。

（三）培训效果评估

效果评估环节，恰似精准的标尺，量度培训成效。运用柯氏四级评估模型，从反应层、学习层、行为层到结果层逐层深入。反应层通过问卷调查、面谈交流，了解学员对培训内容、师资、组织安排的满意度，收集即时反馈；学习层借助考试、实操考核、培训总结撰写等方式，测评学员知识技能掌握程度；行为层在培训结束后一段时间，观察学员在工作中的行为变化，是否将所学应用于实际，可通过上级评价、同事互评、客户反馈等途径收集信息；结果层聚焦培训对组织绩效的影响，分析业务指标变化，直观展现培训为组织创造的价值。

七、营造良好培训文化氛围——成长沃土

（一）领导者率先垂范

领导者的率先垂范是营造氛围的关键起点。他们以身作则，积极参与培训活动，向全体员工传递出对培训高度重视的强烈信号。若领导者主动报名参加前沿业务知识培训，并在培训后于内部会议分享学习心得，就能带动员工纷纷效仿，形成积极向上的学习风气；领导者还可亲自担任内部讲师，传授管理经验与行业洞察，让员工深切感受到培训的重要性与实用性，极大地激发员工参与培训的热情。

（二）完善激励机制

完善的激励机制是推动培训文化发展的核心动力。一方面，设立丰富多样的培训奖励制度，对在培训中表现优异、知识技能提升显著的员工给予奖金、荣誉证书、奖品等物质奖励，同时在内部通讯、表彰大会上公开表扬，增强员工的荣誉感与成就感；另一方面，将培训成果与员工的晋升、职业发展紧密挂钩，在绩效考核、岗位竞聘、人才选拔过程中，着重考量员工的培训参与度、知识掌握程度以及实际应用能力，让员工清晰认识到培训是实现职业晋升的必由之路，从而主动投身培训，追求自我提升。

(三)搭建交流分享平台

搭建开放的培训交流分享平台,能让培训文化氛围更加浓郁。线上构建知识社区,员工可随时分享培训笔记、学习感悟、工作案例,还能发起问题讨论,形成互帮互学的良好局面;线下组织学习小组、研讨会、经验分享会等活动,鼓励员工跨部门、跨层级交流,碰撞思维火花,共同攻克难题。

八、持续改进完善培训体系——与时俱进

人力资源培训管理体系宛如一个鲜活的生态系统,需要持续改进与完善,方能永葆生机与活力,切实适应不断变化的内外部环境。

(一)依据评估结果优化

依据培训效果评估结果进行优化改进,是至关重要的一环。通过严谨的柯氏四级评估,从学员的即时反应、知识技能掌握程度、工作行为转化到对组织绩效的切实影响,全方位、深层次剖析培训成效。若发现某技能培训课程,学员虽在课堂表现出浓厚兴趣、知识测试成绩优异,但在实际工作中却鲜少运用所学,未能有效提升工作效率,这便警示培训内容与实际工作场景的衔接出现问题,须及时调整优化,增添实战案例,模拟真实工作情境,强化实践操作环节,确保学员能学以致用。

(二)根据员工反馈优化

积极收集员工反馈并据此优化培训体系,能让培训更贴合员工需求。员工作为培训的直接参与者,对培训内容的实用性、培训方式的有效性有着切身体会。搭建多样化反馈渠道,如线上匿名问卷、线下交流座谈会、直属上级定期沟通等,鼓励员工畅所欲言。若员工普遍反映线上理论课程过于冗长、枯燥,便可精简内容,融入动画演示、短视频讲解等趣味元素,增强吸引力;若员工提出渴望增加跨部门协作培训,以应对日益复杂的项目需求,那就应及时策划相关课程,促进知识共享与协同合作。

（三）引入前沿科技创新

积极引入前沿科技成果赋能培训创新，成为众多组织的明智之举。大数据技术助力精准分析员工学习行为、知识短板，为个性化培训提供有力支撑；人工智能驱动的智能学习平台，能依据学员学习进度与掌握程度，智能推送学习资料、定制学习路径；虚拟现实（VR）、增强现实（AR）技术让学员身临其境般体验复杂工作场景，如模拟危险环境下的应急处置、精密设备的虚拟装配等，极大提升培训沉浸感与实操效果。

第二节　培训效果评估与学习平台优化

一、人力资源培训效果评估：多维度洞察

（一）培训效果评估的重要意义

在当今竞争激烈的环境中，人力资源培训效果评估对组织和个人都具有举足轻重的意义。对于组织而言，有效的培训能够提升员工整体素质，增强团队协作能力，进而提高工作效率与创新能力，推动组织持续发展。对个人来说，培训是获取新知识、新技能的重要途径，有助于提升职业竞争力，实现个人成长与职业晋升。

（二）反应层评估：聚焦即时感受

从多维度评估培训效果，能为培训优化提供有力依据。反应层评估聚焦员工对培训的即时感受，涵盖培训内容、培训师授课风格、培训环境等方面的满意度。通过问卷调查、现场访谈等方式，可迅速收集员工反馈，了解培训是否契合他们的期望，为后续改进提供方向。例如，若多数员工反映培训资料过于理论化，不易理解，便可及时调整资料内容，使其更具实用性。

（三）学习层评估：考察知识技能掌握

学习层评估着重考察员工在培训过程中的知识与技能掌握程度。可采

用考试、实际操作演练、小组讨论成果展示等手段进行量化评估。如在技术培训后，通过模拟项目让员工实操，检验其对新技术的运用能力，精准掌握员工学习成效，为针对性辅导提供参考。

(四) 行为层评估：关注工作行为改变

行为层评估关注员工培训后在实际工作中的行为改变。这需要长期观察，了解员工是否将所学知识技能应用于日常工作，是否改善了工作方式和提高了工作质量。比如，观察接受沟通技巧培训的员工在与同事、客户交流时，是否更善于表达、更具同理心，进而提升团队协作氛围与客户满意度。

(五) 结果层评估：审视组织绩效影响

结果层评估从宏观角度审视培训对组织绩效的影响，涉及生产效率、产品质量、客户满意度、员工离职率等关键指标。对比培训前后数据，能直观判断培训为组织带来的价值。若某部门在领导力培训后，项目完成时间缩短、错误率降低，便有力证明了培训的有效性[①]。

二、培训效果评估的关键维度

(一) 反应层：聆听学员心声

反应层评估聚焦于学员对培训的即时感受与主观反馈，是了解培训体验的关键窗口。在培训结束后迅速开展问卷调查，能及时捕捉学员的第一反应。问卷设计应涵盖培训内容的实用性、趣味性，培训师的授课风格、专业素养，培训环境的舒适度、设施完备性等多方面。例如，针对培训内容，设置"培训资料是否贴合您的工作实际需求""案例分析是否生动且具有启发性"等问题；对于培训师，询问"讲师讲解是否清晰易懂""能否有效引导课堂互动"；关于培训环境，了解"教室温度、光线是否适宜""培训设备有无故障影响学习"。通过这些细致问题，精准挖掘学员的满意度与改进建议。

除问卷调查外，面谈交流也是深入了解学员想法的重要途径。选取不同背景、岗位的学员代表，安排面对面访谈，鼓励他们畅所欲言。访谈者需

① 刘旭辉. 信息化背景下人力资源管理的改革和创新 [J]. 环渤海经济瞭望 ,2019(9):95-96.

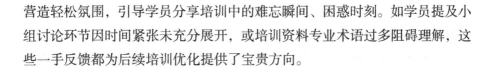

营造轻松氛围，引导学员分享培训中的难忘瞬间、困惑时刻。如学员提及小组讨论环节因时间紧张未充分展开，或培训资料专业术语过多阻碍理解，这些一手反馈都为后续培训优化提供了宝贵方向。

（二）学习层：知识技能蜕变

学习层评估旨在精准衡量学员在培训过程中的知识摄取与技能进阶程度。理论知识掌握情况可通过闭卷考试、在线测验来检验，题目类型兼顾选择题、简答题、案例分析题，全面考查学员对核心概念、原理的理解深度与应用能力。例如在财务培训后，设置复杂财务报表分析的案例题，看学员能否运用所学准确解读数据、洞察问题。

实际操作技能的提升，则依赖于模拟项目、实操演练。在技术培训领域，安排学员在模拟工作场景下完成任务，如软件开发培训后的小型项目实战，依据代码质量、功能实现完整性、完成效率评估学员技能熟练度；在服务行业培训里，模拟客户投诉场景，考查学员沟通技巧、问题解决能力的提升幅度。学员的学习心得、总结报告同样是反映学习成效的一面镜子，从中可洞察他们对知识技能的内化程度与创新思考。

（三）行为层：实战表现追踪

行为层评估着眼于学员培训后在日常工作中的行为转化，是检验培训落地效果的核心环节。长期且细致的观察是主要手段之一，主管与同事可留意学员在团队协作、任务执行中的表现。如观察接受项目管理培训的学员，是否在新项目启动时主动规划进度、合理分配资源；参与沟通技巧培训的员工，在跨部门会议中能否清晰表达观点、有效倾听他人意见，促进信息流通与共识达成。

（四）结果层：组织成效彰显

结果层评估站在宏观战略的高度，全面审视培训对组织整体效能产生的深远影响，这是培训价值的最终体现。业务成果是重要的衡量指标，对比培训前后相关业务数据，若服务质量显著提升，群众满意度大幅提高，这表明培训切实增强了服务意识与专业能力；工作失误率降低、准确率上升，反映出专业知识与技能培训得到有效落实；任务完成周期缩短，彰显团队协作与流程优化培训取得明显成效。

人员发展层面同样关键，获得专业晋升的人数增多，内部岗位交流更加活跃，意味着培训为人员搭建了成长的阶梯，充分激发了他们的职业潜能；人员流动率降低，从侧面证明培训提升了人员的满意度与对组织的归属感，有助于稳定人才队伍。成本效益分析则对培训投入与产出进行精准"核算"，计算培训成本时，涵盖师资费用、场地使用、学习资料等直接支出，并与培训所带来的效益提升、效率提高等收益进行对比。若投资回报率理想，无疑为持续加大培训投入提供了有力支持，进一步坚定了组织培育人才的决心。

三、评估方法与实操要点

(一) 问卷调查法：精准设计与有效运用

问卷调查法是收集培训反馈的常用手段，其问卷设计质量直接关乎信息获取的有效性。设计问卷时，应紧密围绕培训目标，确保涵盖培训内容、培训师、培训组织安排等多方面。问题表述要精准清晰，避免模糊歧义，如询问"培训内容对您解决实际工作问题的帮助程度如何"，而非笼统问"培训内容好不好"。题型搭配要合理，既有考查知识掌握的选择题、判断题，如"培训中提及的项目管理五大流程包括以下哪些"，又有挖掘主观感受的简答题、量表题，像"请用1—5分评价培训师的课堂互动效果，1分为非常差，5分为非常好，并简要说明理由"。

问卷发放时机也有讲究，一般在培训刚结束时，此时学员对培训印象还新鲜深刻，能给出即时反馈。发放范围要尽量广泛，涵盖不同部门、层级、岗位的学员，确保样本代表性。为提高回收率，可采用线上线下结合方式，线上问卷利用便捷平台推送，线下问卷培训现场发放并安排专人回收。回收后，运用数据分析软件对问卷数据进行统计，分析不同选项选择频率、得分均值等，精准洞察学员对培训的满意度与改进期望。

（二）面谈法：深度沟通挖掘真实需求

面谈法能深入了解学员内心想法，为培训优化提供深度信息。面谈对象选取要有针对性，包括培训中的积极参与者、表现欠佳者、提出独特见解者等，不同视角能拼凑出培训全貌。面谈氛围营造至关重要，选择安静舒适空间，面谈者以友善、开放姿态开场，如"今天咱们轻松聊聊培训感受，您畅所欲言就好"，让学员放松戒备。

面谈过程中，问题引导要灵活巧妙，先从轻松话题切入，像"培训中有没有哪个瞬间让您印象特别深刻"，逐渐过渡到关键问题"您觉得培训内容哪些部分与您工作实际脱节"。注意倾听学员话语细节，适时追问，挖掘背后原因。记录要详细，可采用录音（提前征得学员同意）与笔记结合方式，记录学员观点、情绪、建议。面谈结束后，迅速整理记录，提炼关键信息，归纳共性问题与个性建议，为后续培训调整提供有力支撑。

（三）观察法：细节洞察工作行为变化

观察法着重关注学员培训结束后在实际工作中的表现，以此真实地展现培训的实际落地效果。在观察前，需要进行细致的规划，依据培训目标来明确具体的观察内容。例如，在团队协作培训之后，着重观察学员在项目研讨会议中的参与程度、沟通方式以及任务分配的合理性；在沟通技巧培训后，留意学员与服务对象交流时的语言表达、信息传达的清晰度、解决疑问的能力。观察样本的选取要具备科学性，充分考虑不同经验层次、性格特征的学员，以保证观察结果具有广泛的适用性。

在观察实施过程中，观察者要自然地融入工作环境，最大程度避免对学员的正常工作造成干扰。记录方法应丰富多样，可以采用检查表来记录关键行为的出现频率，比如"学员主动为同事提供帮助的次数"；也可以运用描述性记录来重现典型场景，例如"当面对复杂任务时，学员如何与团队成员协调合作"。观察周期要足够长，覆盖从培训效果初步呈现到稳定发挥作用的阶段，确保能够捕捉到学员工作行为的持续变化。在分析观察结果时，对培训前后学员的行为差异进行对比，通过量化分析来评估培训对工作行为的改善程度，从而为培训的实际应用价值提供直观且有力的证据。

(四) 测试法：严谨考核知识技能掌握

测试法是检验学员知识技能掌握程度的"硬指标"。测试题目设计依托培训大纲，全面覆盖核心知识点与关键技能点，区分不同难度层次，基础题、中等题、难题比例合理，如软件开发培训测试，既有考查语法规则的基础选择题，又有复杂算法应用的编程实操题。题目表述严谨准确，避免歧义误导学员。

测试组织要规范，营造严肃公正考场氛围，明确考试规则、时间限制。评分标准提前制定，细化到每类题型得分点，确保评分客观一致。测试结束后，深入分析成绩数据，统计平均分、及格率、分数分布区间，对比不同群体成绩差异，如新手员工与资深员工、不同培训班级间，精准定位知识技能薄弱环节，为后续培训强化、辅导提供精准方向。

四、学习平台优化：打造高效学习生态

学习平台起着承上启下的关键作用。它不仅是培训内容的承载者，还是连接学员与知识、促进学习交流的核心枢纽。随着培训需求日益多元化、学习场景愈发多样化，优化学习平台迫在眉睫，这直接关系到培训效果的提升与知识传递的流畅性。

(一) 功能模块升级：满足多元学习需求

完善的课程管理功能是基础。实现课程分类精细化，依据专业领域、技能层级、学习时长等多维度划分，如将技术类课程细分软件开发、数据分析、网络安全等子类目，方便学员精准定位所需知识。支持课程搜索智能化，引入关键词联想、语义识别技术，学员输入模糊关键词，如"项目管理技巧"，能快速呈现涵盖项目规划、进度控制、团队协调等精准课程结果，节省查找时间。

学习进度跟踪功能实时且直观呈现学员学习动态。以可视化图表展示，如柱状图对比每周学习时长，折线图反映课程完成率趋势，让学员一眼洞悉自身学习步伐；设置学习提醒，临近课程截止或重要知识点复习节点，通过站内信、手机推送等多渠道通知，避免学习拖延，确保学习连贯性。

互动交流功能搭建学习社区，促进学员思想碰撞。设立不同主题论坛，像行业热点研讨区、课程难点答疑区、学习心得分享区，学员随时发布帖子，分享见解、求解困惑；嵌入实时通信工具，小组项目学习时，成员无须切换界面，即可便捷语音、文字交流，模拟面对面沟通场景，提升协作效率。

评估反馈功能多维且及时。培训后自动弹出课程评价问卷，问题涵盖内容深度、讲师表现、实操性等，学员提交瞬间，数据实时汇入后台分析；针对学习薄弱环节，精准推送强化练习、补充资料，辅助学员查缺补漏，深化知识掌握。

(二) 课程资源拓展：丰富知识宝库

引入外部优质课程资源，拓宽视野边界。与知名在线教育机构合作，筛选如哈佛商业评论等平台经典商务、管理课程入驻；挖掘行业前沿讲座、研讨会录像，邀请专家录制独家解读视频，将人工智能、区块链等新兴领域最新成果引入学习平台，让学员紧跟时代脉搏。

鼓励内部知识分享，盘活组织智慧。搭建员工课程创作平台，操作简便如简易 PPT 制作工具，员工结合工作案例、项目经验，轻松产出视频、文档课程；设立知识悬赏机制，学员提出工作难题，悬赏积分，掌握解决方案的同时贡献知识赚取积分，兑换学习福利，激发全员知识共创热情。

依据学员学习数据优化课程推荐。分析学员历史学习记录、课程评分、停留时长，运用协同过滤算法，为偏好技术的学员推荐同类热门进阶课程，为关注沟通的学员推送人际沟通艺术、谈判技巧等拓展课程，实现个性化学习路径定制，提升学习兴趣与投入度。

(三) 用户体验优化：畅享学习之旅

界面设计简洁美观是首要。采用扁平化设计风格，去除繁杂装饰，以清新色彩搭配、直观图标表意，如用播放图标标识课程学习入口，让学员瞬间理解功能；布局遵循用户视觉习惯，重要信息置于屏幕中央、高频操作按钮底部常驻，减少操作寻路成本。

操作流程简化流畅。优化注册登录，支持多平台账号一键关联，免去复杂信息填写；学习过程中，课程切换、资料下载无须复杂跳转，一键直达；

考试测评模块，倒计时醒目、答题进度实时显示，缓解学员考试焦虑，保障学习心情舒畅。

技术支持保障有力。投入专业运维团队，实时监控平台性能，高峰学习期提前扩容服务器，杜绝卡顿、加载缓慢现象；定期开展兼容性测试，适配主流浏览器、移动端系统，确保学员使用电脑、平板、手机任一设备，都能无缝接入学习，随时随地开启知识探索。

五、培训与平台协同：共筑人才发展基石

培训效果评估与学习平台优化绝非孤立存在，而是紧密相连、协同共进，共同为人才发展筑牢根基。一方面，精准深入的培训效果评估为学习平台优化指引方向。通过各维度评估所收集的丰富反馈，如学员反映学习平台课程搜索不便、互动交流缺乏深度等问题，能精准锚定优化靶点，促使平台迭代升级功能模块、拓展优质资源、提升用户体验，实现从"能用"向"好用"转变，让学习平台成为知识汲取的强大引擎。

另一方面，优化后的学习平台为培训效果提升注入澎湃动力。升级后的平台以多元功能满足个性化学习节奏，以海量优质资源拓宽知识视野，以流畅体验激发学习热情，让学员更高效掌握培训内容，加速知识技能向工作实践转化，提升培训满意度与成效。在这一良性循环中，组织人才竞争力得以稳步提升，无论是创新思维的激发、问题解决能力的锤炼，还是团队协作默契的增进，都为组织在市场浪潮中稳健前行提供了有力支撑，开启人才发展与组织进步的双赢新局。

六、持续奋进，引领人才发展新潮

人力资源培训效果评估与学习平台优化是一场永无止境的征程。通过系统、全面的培训效果评估，我们能精准洞察培训的成效与不足，为改进提供坚实依据；借助学习平台的持续优化，营造高效、便捷、富有活力的学习生态，激发学员的学习热情与创造力。两者协同发力，不仅能提升组织人才的专业素养、创新能力，还能塑造积极进取的学习文化，为组织在瞬息万变的市场中注入源源不断的发展动力，助力个人与组织携手迈向更加辉煌的未来。

第六章 人才培育关键要素聚焦

第一节 内训师队伍的选拔与培养

一、人力资源内训师的重要性

在当今竞争激烈且不断变化的环境中，人才成为推动各项事业发展的核心动力。而人力资源内训师作为内部知识传承与人员成长的关键角色，承担着至关重要的责任，为组织的持续进步提供了坚实有力的支持。

内训师是组织发展的有力助推器。他们依据组织的战略目标以及人员的实际需求，精心策划并定制培训计划与课程，内容广泛覆盖新成员入职引导、专业技能提升、领导力培养等多个重要领域，确保人员的知识储备与技能水平能够紧跟组织发展的步伐。例如，当组织计划开展一项新的重大项目时，内训师能够迅速筹备并开展针对性的项目管理、专业知识应用等课程，为人员提供有力的能力支持，助力组织顺利推进项目，在相关领域取得优势。

内训师还是人员成长的重要引路人。他们凭借自身深厚的专业知识以及丰富的实践经验，为人员答疑解惑，指引其职业发展方向。通过个性化的辅导，帮助人员挖掘自身潜力，突破职业发展过程中的瓶颈。以一位初入业务岗位的人员为例，内训师不仅传授专业技能知识，还协助其制订职业规划，使其从初出茅庐的新手逐步成长为业务骨干，实现个人价值与职业理想[①]。

---

① 刘亚梦，宫成轩．现代商贸流通业发展进程中的人力资源管理探讨 [J]. 内蒙古科技与经济，2022(18):55－56.

二、选拔：优中选优，搭建人才梯队

（一）明确选拔标准

1.专业知识

内训师应在其专业领域具备深厚的知识积淀。例如，科研岗位出身的内训师，需精通相关学科的前沿理论知识、实验方法及研究流程；政策研究岗位的内训师，要熟知各类政策法规的制定背景、具体内容以及实施细则，能够对政策走向进行深入解读和分析。

2.教学能力

能够根据学员的不同特点以及培训目标，灵活选用合适的教学方法，如案例分析、小组研讨、模拟演练等。以团队协作能力培训为例，内训师可以组织学员模拟大型项目的工作场景，设定各种复杂的任务和挑战，引导学员展开讨论和协作，以提升学员的团队协作思维和解决实际问题的能力。在这个过程中，内训师要巧妙地把控活动节奏，引导学员之间的互动交流，充分激发学员的参与热情和积极性。

3.沟通表达

语言表达清晰流畅、逻辑严谨是对内训师的基本要求。除此之外，还需善于运用肢体语言、面部表情等辅助表达，增强信息传递的感染力。在讲解较为复杂抽象的概念时，能够运用生动形象的比喻、具体鲜活的示例，让学员轻松理解。同时，时刻关注学员的反馈信息，通过眼神交流、适时提问等方式，确保将知识准确无误地传递给每一位学员。

4.工作经验

丰富的实践工作经验是内训师的宝贵财富。那些经历过实际工作中各种难题和挑战打磨的人员，在培训过程中能够分享大量真实的实战案例，并针对学员可能遇到的问题给出切实可行的建议。例如，一位资深的项目执行人员转岗成为内训师后，可以结合自身丰富的项目经历，深入剖析项目执行过程中的痛点和难点，向学员传授有效的应对策略和解决方法，帮助学员在今后的工作中少走弯路。

5.个人特质

热情耐心、乐于分享、责任心强是内训师不可或缺的个人特质。面对学员的反复提问，始终保持耐心，不厌其烦地进行解答；为了打造优质的培训课程，主动牺牲个人时间加班加点，精心雕琢课程内容的每一个细节。通过自身积极的态度，点燃学员强烈的求知欲望，营造出良好的学习氛围，让学员在轻松愉悦的环境中获取知识、提升能力。

(二) 多渠道招募

1.部门推荐

部门主管依据工作表现、专业能力，推荐骨干员工，这些员工熟悉业务、经验丰富，经培训易成优秀内训师，且部门推荐能保障培训与业务紧密结合。

2.公开竞聘

组织竞聘活动，设笔试、面试、试讲环节，广纳贤才，员工凭实力竞争，为内训师队伍注入新鲜血液，激发队伍活力。

(三) 严把选拔流程

1.简历筛选

依选拔标准，审查学历、工作履历、培训经历、获奖荣誉等，初步判断专业契合度与经验丰富度，筛出基础扎实候选人。

2.笔试

考查专业知识深度广度、教学理论理解、课程设计思路，如给定主题让设计培训大纲，测专业素养与教学设计能力。

3.面试

多面试官围坐，考查专业能力、教学场景应对能力、团队协作案例分析能力，综合评估沟通、应变、团队合作能力，观察表达、思维、性格特质。

4.试讲

核心环节，给定课题短时间准备后试讲，展现教学全过程，考查课程导入、内容讲解、互动引导、总结收尾能力，评委从多维度打分。

5.综合评估

汇总简历、笔试、面试、试讲成绩，参考过往绩效、同事评价，全面考量确定人选，确保选出德才兼备的内训师，为组织培训筑牢根基。

三、培养：系统赋能，助力专业成长

(一) 基础培训课程

1. TTT 培训 (TrainingtheTrainertoTrain)

TTT 培训是内训师成长的基石课程，涵盖教学理论、课程设计、课堂呈现、互动技巧等全方位内容。在内训师初涉讲台时，通过 TTT 培训掌握成人学习特点，如成人更倾向于带着问题学习、注重知识实用性，进而依据这些特性设计课程，以案例导入、小组讨论等方式激发学员兴趣，提升培训效果。比如学习如何运用"破冰游戏"打破学员间陌生感，营造活跃学习氛围，为后续知识传授奠定良好基础。

2. 课程开发培训

教会内训师从无到有构建优质课程。从精准定位培训需求出发，通过问卷调研、访谈关键人员等手段，明确学员痛点与组织期望；进而规划课程结构，像以"问题—原因—解决方案"逻辑搭建专业技能提升课程，让学员循序渐进掌握知识；同时注重内容的时效性与实用性，引入行业最新案例、数据，确保学员所学与实际工作紧密衔接，如在营销课程中及时更新热门营销案例，让学员了解前沿打法。

3. 教学方法与技巧培训

聚焦于多样化教学手段运用。讲授法用于知识系统性梳理，内训师在此学会如何用简洁语言、清晰逻辑阐述复杂概念；讨论法鼓励学员积极思考，内训师应掌握引导讨论节奏、激发多元观点碰撞技巧。

(二) 实践锻炼机会

1. 内部培训授课

新入职内训师从简单课程起步，在实战中积累经验。首次登台面对学员紧张在所难免，通过多次讲授基础课程，逐渐熟悉流程、把控节奏，学会根据学员现场反应灵活调整教学进度；同时收集学员即时反馈，了解自身教学优缺点，后续针对性改进，如课程讲解过快部分学员跟不上，下次授课就

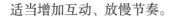

适当增加互动、放慢节奏。

2. 辅助资深讲师

与资深内训师"师徒结对"，新手得以近距离学习。跟课过程中观察前辈如何开场吸引学员、怎样用生动故事诠释理论、如何巧妙化解课堂突发状况；参与备课讨论，学习课程优化思路、素材选取窍门；协助组织课堂活动，锻炼组织协调能力，如在大型团队培训中协助前辈分组、把控小组讨论方向，快速成长。

3. 参与项目实践

投身组织实际项目，内训师将理论落地。参与新产品研发项目，为研发团队提供技术培训的同时，深入了解项目难点，反过来优化培训内容；助力业务部门流程优化项目，收集实践素材，开发针对性流程管理课程，用真实项目案例让课程更具说服力，实现培训与业务相互促进。

(三) 持续学习支持

1. 参加行业研讨会

这是内训师紧跟行业前沿的窗口。在研讨会上，聆听专家剖析行业趋势、解读最新政策法规，与同行交流热门培训方法、课程设计心得；接触不同组织优秀实践案例，拓宽视野，为组织引入新思维，如参加数字化转型研讨会后，将先进的线上培训模式带回组织，创新培训形式。

2. 阅读专业书籍

构建深厚的知识体系离不开专业阅读。内训师应定期研读人力资源、教育学、心理学等领域经典著作，汲取理论养分，如从教育心理学书籍中掌握学习动机激发方法，应用于课程设计；关注行业报告、学术期刊，了解前沿研究成果、标杆组织动态，及时更新知识储备，确保培训内容与时俱进。

3. 运用在线学习平台

海量在线资源为内训师提供了便捷的学习途径。在平台学习名师课程，对比自身教学找差距；参与线上论坛，与全球同行交流探讨，解决教学困惑；利用碎片化时间学习微课程，提升专项技能，如通过短视频学习PPT制作特效，美化培训课件，增强视觉吸引力。

四、管理：规范运作，保障成效

（一）日常管理机制

1.课程安排与调度

依据组织培训计划与员工需求，合理规划内训师授课课程、时间与地点。每月初公布月度培训安排，涵盖课程名称、讲师、时间、地点等信息，通过内部系统、邮件、公告栏多渠道推送，确保学员及时知晓；同时预留机动时间，应对临时培训需求或课程调整，保障培训有序开展。

2.教学质量监督

组建教学督导小组，成员包括培训专家、资深内训师、业务骨干等。采用随堂听课、视频抽检、学员访谈等方式，监督内训师教学过程，重点关注教学内容准确性、教学方法有效性、课堂互动活跃度、时间把控合理性，课后即时反馈优缺点与改进建议，助内训师持续提升教学质量。

3.学员反馈处理

培训结束后，及时收集学员反馈，通过线上问卷、线下访谈了解学员对课程内容、教学方法、内训师表现满意度，梳理反馈意见，分类汇总问题，反馈至内训师并跟进改进落实，形成管理闭环，以学员需求驱动培训优化。

（二）定期考核评估

1.教学效果考核

从知识掌握、技能提升、行为改变三层面衡量。培训前后设知识测试，对比学员成绩评估知识掌握程度；组织实践操作考核，依据操作准确性、熟练度、规范性评定技能提升状况；观察学员培训后工作行为，如沟通更顺畅、协作更高效，以此印证培训效果，并为内训师教学精准"画像"。

2.学员满意度调查

设计科学问卷，涵盖课程内容实用性、内训师讲解清晰度、课堂氛围活跃度、答疑解惑及时性等维度，设1—5分评价选项，辅以开放性问题收集建议。定期统计分析，计算满意度得分，精准定位内训师教学亮点与短板。

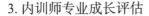

3.内训师专业成长评估

关注内训师持续学习提升情况，考察其参加行业活动、阅读专业书籍、开发新课程、改进教学方法等方面作为，鼓励内训师不断突破自我，紧跟行业前沿，为培训注入新活力。

（三）优化调整措施

1.针对性辅导改进

依考核结果，为教学效果待提升内训师安排导师，"一对一"辅导。针对课程设计薄弱，共同优化框架、丰富案例；教学方法单一，分享多元技巧、协助设计互动环节；专业知识不足，推荐学习资料、组织研讨交流，助内训师补齐短板。

2.人员动态调整

设立明确晋升、淘汰标准。连续多期学员满意度高、教学效果优、专业成长显著的内训师，优先晋升，赋予其更多职责、更高荣誉、更好待遇；反之，学员差评多、教学无起色、不思进取的内训师，警告、调岗或淘汰，保持队伍"新陈代谢"，激发内训师竞争活力，保障队伍整体实力稳步上扬。

五、长效激励：内训师成长动力源激活

（一）物质奖励：劳有所得，激励前行

物质奖励是对内训师辛勤付出的直接肯定，让他们的努力与收获成正比。课时费作为最常见的物质激励形式，依据课程的难度、时长以及受众规模等因素合理设定。对于专业性强、研发成本高的课程，如涉及前沿技术研发、复杂财务分析等领域，给予较高的课时费标准，每课时可达数百元；而一般性知识普及课程的课时费则相对适中，确保内训师的授课价值得到精准量化。

奖金激励则与培训效果紧密挂钩。当内训师完成一系列培训课程后，组织依据学员的考核通过率、技能提升幅度、知识掌握程度等多维度指标进行综合评定。若内训师所授课程助力学员在专业技能考核中通过率远超平均水平，或促使学员在实际工作中运用所学知识显著提升工作效率、创造更多

业绩，内训师将获得丰厚奖金。

（二）职业发展机遇：晋升有道，成长无限

成为内训师为员工开启了一扇职业晋升的快速通道之门。组织在选拔管理岗位人才时，优先从经验丰富、培训成效卓越的内训师群体中考虑。这是因为内训师在授课过程中锻炼了沟通协调、团队管理、问题解决等多项关键能力，这些能力与管理岗位需求高度契合。如一位原本在技术岗位默默耕耘的员工，凭借出色的内训工作，展现出卓越的领导潜能，得以晋升为技术部门主管，实现从技术骨干到管理人才的华丽转身。

内训师还常被委以重任，参与组织重要项目。在新产品研发项目中，内训师凭借对组织内部知识体系的深度洞察以及对员工能力的精准把握，负责组建跨部门培训团队，为项目成员提供定制化培训，确保团队成员迅速掌握项目所需新知识、新技术，推动项目高效推进。这种深度参与不仅拓宽了内训师的视野，使其积累了宝贵项目经验，还使其在组织战略布局中扮演关键角色，为职业发展积累深厚资本，向着更高职业巅峰奋勇攀登。

人力资源内训师队伍的选拔与培养是一场长期且意义深远的系统性工程，它紧密关联着组织发展的兴衰成败，是组织在激烈市场竞争中脱颖而出的关键力量。一支高素质、专业化的内训师队伍，犹如组织知识传承的"火炬手"、员工成长的"加速器"、战略落地的"推进器"，为组织注入源源不断的发展动力。

第二节　中基层管理者人才培养体系

一、中基层管理者——组织的中流砥柱

在当今竞争激烈、复杂多变的环境中，组织的成功恰似一场精心布局的宏大棋局，绝非仅靠高层的英明决策这一"帅"之谋略就能稳操胜券。中基层管理者，作为组织架构里不可或缺的中坚力量，犹如棋盘上纵横交错的关键棋子，发挥着日益关键且无可替代的作用。他们仿若一座坚固且灵动的桥梁，紧密连接着组织的高层规划与基层执行，是确保组织目标得以精准实

现的直接推动者与核心践行者。

(一) 战略执行与运营保障

中基层管理者身处组织运行的一线，与成员们朝夕相处，对工作流程的每一处细节、业务开展的具体情况以及成员个体的特点与优势，都有着极为深入且直观的了解。这一独特优势，让他们在组织规划的落地过程中，扮演着举足轻重的角色。

他们不仅要将高层精心制订的发展规划，像拆解精密仪器般细致入微地细化成具体可操作的工作计划与任务，还要凭借卓越的组织协调能力，如指挥盛大演出的导演般，组织、协调基层成员将这些计划与任务精确无误地付诸实践。在此过程中，他们时刻关注着每个环节的执行情况，确保组织的日常运作如精密时钟般有条不紊地推进。例如，在一个文化项目中，项目负责人需要依据上级制订的年度文化推广规划，详细策划每一次活动的主题、场地安排、人员分工以及宣传推广计划等，并协调各方资源，确保活动顺利开展，达到预期的文化传播效果。

(二) 文化传承与团队凝聚

中基层管理者还是组织文化的忠实传承者与积极塑造者。他们以自身的言行举止为画笔，在日常工作的画布上，将组织的价值观、使命与愿景描绘得生动具体，让抽象的文化理念不再遥不可及，而是具象化为成员身边切实可感的行为准则与精神追求。

在团队内部，他们似温暖阳光，努力营造积极向上、团结协作的工作氛围。通过组织丰富多彩的团队活动、设立明确的团队目标以及及时给予成员真诚的赞美与鼓励，他们激发成员内心深处的工作热情与创造力，使团队成员如紧密咬合的齿轮，形成强大的凝聚力与强烈的归属感。当成员在工作中遭遇困难挫折，仿佛迷失在黑暗中的行者时，中基层管理者会如明灯般及时给予鼓励与支持，助其重拾信心，勇敢克服困难。这种无微不至的人文关怀，不仅是组织文化最生动的展现，还是凝聚成员力量、推动团队不断前行的重要情感纽带。例如，在一个科研团队中，小组组长会定期组织学术交流活动，鼓励成员分享研究成果与新思路，营造开放包容的文化氛围，激发团队的创新活力。

(三) 形势洞察与应变先锋

面对瞬息万变的外部环境,中基层管理者宛如组织安插在前沿的敏锐触角,需具备超乎常人的形势洞察力与快速灵活的应变能力。他们身处前沿一线,能第一时间捕捉到服务对象需求的微妙变化、同行动态的调整以及行业趋势的起伏走向,为组织的战略调整提供及时、精准且极具价值的信息反馈。

以教育领域为例,学科组组长如同战场上的先锋将领,须时刻密切关注教育理念的更新、学生需求的转变。一旦察觉到形势的细微变化,便要迅速如敏捷猎豹般调整教学计划与重点,优化教学方法与课程内容,以保证教学质量,满足学生不断提升的多样化学习需求。

(四) 挑战与机遇并存

中基层管理者在履行职责的道路上并非一帆风顺,而是面临诸多复杂严峻的挑战。一方面,他们似夹心饼干中的馅料,承受着来自上级的业绩压力与下属的期待目光,处于"夹心层"这一尴尬艰难的境地。如何在两者间找到微妙精准的平衡,既有效传达上级的严格要求,又合理满足下属的合理诉求,无疑是对其沟通协调能力的严峻考验。

另一方面,随着组织业务的拓展、技术的更新换代,他们如逆水行舟的舵手,需不断提升自身的专业素养与管理技能,以应对日益复杂多变的管理任务。例如,在数字化转型的浪潮下,传统业务部门的基层管理者必须像求知若渴的学子般学习掌握数字化办公技术、数据分析等新知识,才能如经验丰富的船长般,更好地带领团队适应新的工作模式,在变革的浪潮中破浪前行。

尽管挑战重重如荆棘密布,但中基层管理者也迎来了前所未有的发展机遇。组织愈发清晰地认识到他们的重要价值,对他们的重视程度如芝麻开花般"节节攀升",为其提供了更多的培训机会、广阔的晋升通道以及丰富充足的资源支持,助力他们在成长道路上不断蜕变,成长为全面型、卓越型的管理人才。同时,各类先进的管理理念、技术工具如璀璨星辰般涌现,为

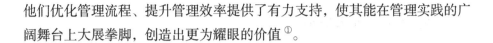

他们优化管理流程、提升管理效率提供了有力支持，使其能在管理实践的广阔舞台上大展拳脚，创造出更为耀眼的价值[①]。

二、精准定位：明确培养目标

（一）培养目标的重要性

明确的培养目标是构建中基层管理者人才培养体系的基石，它犹如夜航中的灯塔，为培养工作指明方向，确保培养出的人才与组织发展需求高度契合。在设定培养目标时，需紧密围绕组织规划与岗位需求，展开深入且细致的分析。

（二）基于组织规划设定目标

要深度解读组织的长远规划，明晰组织未来的发展方向、业务拓展领域以及面临的竞争态势。若组织计划在特定领域开展一系列重大项目，提升行业影响力，那么中基层管理者就需具备敏锐的趋势洞察力、果断的决策能力以及卓越的创新精神，能够精准把握项目机遇，迅速制定并执行切实可行的项目推进策略。

（三）基于岗位需求剖析目标

对岗位需求的剖析必不可少。借助岗位说明书、工作流程梳理、关键绩效指标（KPI）设定等方式，精确确定不同管理岗位所需的核心知识、技能与素养。例如，负责一线业务执行的基层管理者，必须熟练掌握业务操作流程、质量把控要点、相关政策法规知识，具备高效的任务分配与进度跟踪能力、团队协作与激励能力，以保障业务任务的高质量完成；而负责某专项工作的基层管理者，则要精通相关领域的专业知识、服务对象心理、沟通协调技巧，拥有出色的资源整合与工作目标达成能力，能够带领团队不断提升工作成效。

---

① 张雪.大数据环境下战略性人力资源绩效管理与员工激励研究 [J].中外企业文化,2022(9):74-75.

（四）制定个性化培养目标

个性化培养目标的制定也至关重要。每位中基层管理者都有其独特的成长背景、工作经历、性格特点与能力短板。在培养过程中，应充分考虑这些个体差异，为其量身定制培养路径。对于技术专长突出但管理经验不足的管理者，着重加强领导力、沟通协调、团队建设等管理技能的培训；而对于沟通能力较强但专业知识有待深化的管理者，则着重提供专业领域的深度培训，助力其成为业务精通、管理得力的复合型人才，使培养体系更具针对性与实效性，真正做到因材施教，激发每一位中基层管理者的潜能，为组织发展注入源源不断的动力。

三、慧眼识珠：选拔潜力人才

（一）选拔的重要性

选拔如同"伯乐相马"，是构建中基层管理者人才培养体系的关键起始点，其重要性不言而喻。精准且科学的选拔流程与标准，能够从众多人员中甄别出具备管理潜能、契合组织需求的优质人才，为后续的精心培养奠定坚实基础。

（二）选拔标准

在选拔标准方面，专业技能是根本。候选人需深入精通所在领域的专业知识，熟练掌握相关工作技能，具备出色的问题解决能力，能够在面对复杂多变的业务难题时沉着应对，提出切实可行的解决方案。综合素质同样不可或缺，包括沟通协调、团队合作、领导力等关键软技能。优秀的中基层管理者应能与上下级、跨部门顺畅沟通，凝聚团队力量，激发成员潜能，引领团队朝着共同目标奋进。例如，在组织大型活动时，协调各方资源，解决团队内部出现的分歧，确保活动顺利开展。过往的工作成果也是重要衡量指标，稳定且出色的工作业绩，不仅体现了候选人的专业功底与工作能力，还能反映其责任心、执行力与抗压能力，这些品质在管理岗位上尤为关键。

（三）选拔方法与工具

为确保选拔的科学性与精准度，多种方法与工具协同运用。结构化面试通过预先设定的标准化问题框架，全面考查候选人的专业素养、应变能力、沟通技巧等表现，保证面试评价的公平公正与一致性；行为面试法则聚焦候选人过去的行为事例，以"STAR"原则（情境、任务、行动、结果）深入挖掘其在特定场景下的真实表现，预测未来工作中的行为模式；360度评估从上级、平级、下级等多个角度收集反馈，全方位展现候选人的工作表现、团队协作、领导魅力等，避免单一评价的片面性；心理测评工具运用专业量表，剖析候选人的性格特点、职业倾向、动机需求等内在特质，辅助判断其与管理岗位的适配度。

四、因材施教：设计多元培养方案

（一）分层培养，逐级进阶

鉴于中基层管理者所处层级、经验积累以及能力水平的差异，实施分层培养策略如同搭建成长阶梯，有助于他们逐步提升管理能力。

对于初涉管理岗位的新手，即基层储备干部，培养重点在于夯实基础管理知识与技能。通过入职培训、管理启蒙课程等方式，系统传授计划、组织、领导、控制等管理学基本原理，以及沟通、时间管理、团队协作等实用技能，帮助他们顺利实现从业务骨干到管理者的角色转变，初步构建管理思维框架，掌握团队领导的基本方法。

步入成长期的基层管理者，已积累一定实践经验，此时培养方向转向深化专业知识与提升综合管理能力。一方面，依据所在业务领域，提供专业进阶课程，如项目管理、资源调配、政策解读等，使其成为业务精通的专业人才；另一方面，强化领导力培训，涵盖情境领导、激励理论应用、冲突化解技巧等内容，提升他们在复杂情境下引领团队、应对挑战的能力，助力其成长为独当一面的管理能手。

而对于迈向成熟期的中层管理者，着眼于拓展战略视野与强化组织协调能力。安排战略规划、创新发展、跨部门协作与资源整合等高端课程，使其能够站在组织全局高度，洞察行业趋势，制订前瞻性规划，并有效协调各方资源，推动组织规划落地实施，成为组织发展的中流砥柱，为迈向更高管理层级奠定基础。

（二）课程体系，全面赋能

构建一套科学、全面且针对性强的课程体系，是为中基层管理者提供知识与技能支持的关键。这一体系如同内容丰富的"知识宝库"，涵盖领导力、管理技能、专业知识等多个维度，全方位满足管理者成长需求。

领导力课程作为核心板块，针对不同层级管理者的特点与需求精心设计。面向基层管理者的"基础领导力塑造"课程，着重培养其以身作则、有效沟通、合理授权等基础领导素养，助力其在团队中树立威信；中层管理者则可参与"卓越领导力进阶"课程，聚焦变革领导力、战略决策力、高绩效团队打造等内容，提升引领组织变革、驾驭复杂局面的能力，推动团队朝着战略目标前进。

管理技能课程提供丰富的"工具箱"，包含目标管理、绩效管理、项目管理、风险管理等实用技能培训。以项目管理课程为例，通过系统讲解项目启动、规划、执行、监控与收尾全流程，结合实际案例演练，让管理者掌握科学管理项目进度、成本、质量的方法，确保各类项目高效完成，提升组织运行效率。

（三）实践出真知

"纸上得来终觉浅，绝知此事要躬行"，实践锻炼是中基层管理者成长的必经之路。通过多样化实践方式，让他们在真实工作场景中积累经验，锤炼解决实际问题的能力，实现理论知识与实践操作的深度融合。

项目锻炼为管理者搭建了挑战自我、施展才华的实践平台。选拔管理者参与重点项目，赋予其明确职责与权限，使其在项目推进过程中应对资源有限、时间紧迫、任务艰巨等重重挑战。

模拟场景训练则为管理者提供了低风险的实践空间。利用案例分析、沙盘模拟、角色扮演等形式，重现工作中的典型场景，如资源分配冲突、工作任务调整等。在模拟资源分配场景中，管理者扮演不同角色，运用沟通协调、谈判技巧等，在互动中锻炼解决问题的能力；通过复盘总结，反思决策得失，优化应对方案，为日后应对真实场景积累经验，实现管理能力的不断提升。

五、创新驱动：多样化培养方式

在当今数字化、多元化的时代背景下，中基层管理者人才培养需紧跟时代步伐，摒弃传统单一的培养模式，积极引入多样化、创新性的培养方式，以满足他们日益增长的知识与能力需求，激发人才潜能。

(一) 线上线下融合培训模式

线上线下融合培训模式优势显著。线上学习平台依托丰富的数字化资源，如海量在线课程、前沿行业资讯、虚拟仿真实验等，为管理者打破时空限制，使其随时随地自主学习。忙碌的一线主管可利用碎片化时间，通过手机端学习领导力微课程，汲取知识养分。线下集中培训则聚焦实践操作、互动研讨与经验分享，学员齐聚一堂，在模拟工作场景中进行业务流程实操演练，或针对工作方案展开头脑风暴，碰撞思维火花。二者有机结合，实现理论与实践的深度互补，提升培训效果。

(二) 导师制助力成长

导师制传承经验，助力成长。为每位潜力管理者配备资深导师，如同为其成长之路点亮明灯。导师凭借深厚的行业经验、精湛的专业技能与丰富的管理智慧，在日常工作中给予全方位指导。从项目决策的关键环节到团队沟通的细微之处，导师言传身教，帮助学员少走弯路，加速成长；学员在导师的悉心引领下，不仅能快速掌握工作要领，还能传承组织文化与隐性知识，实现组织智慧的代代相传。

(三) 行动学习法以战促学

行动学习法以战促学。将学习融入真实工作项目，组建跨部门行动学习小组，针对业务提升、服务优化等紧迫问题展开攻坚。小组成员边干边学，在项目推进过程中运用所学管理知识，探索创新解决方案；过程中定期复盘反思，持续优化行动策略，不仅能有效解决问题，还能锤炼团队协作、问题解决与应变创新能力，实现业绩与能力的双提升。

(四) 案例教学法启迪思维

案例教学法复盘经典，启迪思维。收集整理组织内外的典型管理案例，涵盖战略调整、团队协作、危机处理等多元场景，呈现在课堂上。学员深入剖析案例背景、问题根源、决策过程与实施效果，代入角色思考，各抒己见；在激烈讨论与教师引导下，拓宽管理视野，提升分析决策能力，将案例中的经验教训内化于心，外化于行，应对未来复杂多变的管理挑战。

第七章　人力资源管理与经济发展研究

第一节　人力资源在经济发展中的价值

在现代化建设中，知识经济日趋深入，而且在社会发展的过程中，人力资源管理已经成为关键。同时，不管是对企业，还是对社会来讲，人才建设非常重要，人力资源开发和建设已经成为关键。随着社会经济不断发展，以往人力资源难以满足新时代发展需求。应认识到在经济发展中，人力资源所起到的关键作用，并采取有效的措施。

一、人力资源在经济发展中的价值体现

在企业管理中，人力资源已经成为一项重点工作，在实践的过程中，应加大分析力度，进一步分析资源和网络系统，把人力资源评估这项工作落到实处。

第一，人力资源管理处于核心位置。在实践的过程中，不管是发展战略，还是要求，在充分了解的基础之上，应充分掌握，评估人力资源管理类型，因为为创造企业价值，人力资源已经成为主要来源，且从本质上来讲，企业的业绩和人力资源管理联系非常大，人力资源也会积极影响企业。在科学技术进步背景下，人力资源管理，除了会涉及企业竞争力，还会涉及生产效益，这就应调整利润。客户满意度也会影响，所以，加强人力资源管理，能够促进企业发展。

第二，增强企业核心竞争力。在当前管理中，增强企业核心竞争力已经成为一项重点，应进一步评价资源属性。企业唯有具有竞争力，才能发展下去。在知识经济不断发展背景下，知识创造价值的作用，已经在工作中合理应用，还会给员工分析和思考产生影响。应注重对知识工具的利用，增强企业核心竞争力。除此之外，应和员工保持联系，多沟通交流，保持非常融

洽关系。

第三，提高企业内部凝聚力。在整体发展期间，企业应对资金类型给予充分了解，人力资源是最主要的一个组成部分，也是企业生存下去的一个条件，这就应根据情况，确保能合理利用资金。除此之外，为让企业得到一些回报，应意识到人力资源开发的重要性。如果把企业员工作为最重要的人力资源，能促使人力资源管理工作顺利实施。

第四，调动企业员工工作积极性。人力资源管理应加强绩效考核，促使能把人才留住的基础上，加强管理。既要应用物质激励方式，也应紧密结合精神激励方式，增强员工创新意识，引导员工主动创新。而且对于管理指标要求，如果难以达到，会影响人力资源管理水平提升。

二、在经济发展中提升人力资源管理的措施

在整体管理中，人力资源管理非常关键，这就应结合实际情况，评估资源，把这项工作落到实处。而且在经济发展中，还应采取以下几点措施，加强人力资源管理，提升人力资源管理水平。

第一，做好人力资源规划工作。对于人力资源管理部门而言，应结合实际情况，把方案制定出来，应与企业发展政策相符。就当前人力资源管理情况来看，很容易受人为因素影响而存在失误，同时，需要企业管理者给予充分了解，加强管理，让其更加合理。除此之外，人力资源管理部门应了解现状，并做出分析，了解企业未来发展趋势合理规划。

第二，注重人力资源管理质量。我国有非常多的人口，人力资源基数非常大，但仍有待提升质量。也就是应加大控制力度，控制人力资源质量。而且当前培育创造力已经成为人力资源开发的一个重点，尤其是技术创新能力。这不仅要加强教育，还应利用各种形式组织学习，比如，远程教育，进而让人才学到更多的知识，增强素质，确保人力资源的质量。

第三，加大投入力度。为达到教育目的，在资金这方面应大力投入。只有做好人力资源工作，确保质量，才能促进经济的发展。为提升人力资源质量，教育已经成为最重要的方式。就当前的情况来看，西部地区教育水平与东部地区相比，非常落后，应加大资金投入力度。

第四，优化招聘和录用体系。在企业，人员是最主要的组成部分，应

让人力管理的作用得以充分体现。除此之外，随着多媒体技术不断发展，可利用这一技术对招聘方式给予优化，并熟练掌握。与此同时，在优化选择期间，应从录用体系入手，结合实际情况优化，不管是管理系统的要求，还是指标要求，应提升管理水平。在以后管理时，可运用多种方式，吸引优秀人才。

第五，落实薪酬福利待遇。对企业员工而言薪资待遇非常重要，在企业，应高度重视人力资源管理工作，并把这项工作落到实处。把当前地区薪资水平作为基础，对工作人员培训，把薪资条件设定好。结合实际情况，按照管理技术岗位要求，完善薪资待遇和福利政策，执行激励机制，加强考核管理。除此之外，员工应对业绩和政策充分了解，也应学习一些工作技巧，提高综合素质。实践证明：执行激励政策，并合理应用，能够提升工作业绩。

第六，做好对员工培训工作。新员工应掌握岗位职责，还应多积累工作经验，而且在人力资源管理期间，应加大培训力度开展各种各样的培训活动，以定期或者是不定期的方式培训，强化员工能力，增强素质。把企业高质量发展作为主要目标，在对个人成长需求给予充分满足的基础之上，促进企业进步。

第七，实现动态化管理。在企业可持续发展这方面，企业战略目标起着一定作用，这就应把动态指标作为基础，分析目标政策。人力资源不仅具有生物性，还具有创新性。应让其创造性的作用得到最大发挥，在自我价值实现的基础上，提升企业竞争力。往往借助多媒体技术实现动态化管理，可对其他资源合理应用，让人力资源管理工作落到实处。

总而言之，随着知识经济不断发展，开发人力资源，可进一步推动经济发展。就当前的人力资源发展的情况来看，和发达国家相比有差距，这就应采取有效的措施不断完善，从多个角度出发，开发人力资源。可对西方成熟的理论和技术成果给予充分了解，并适当借鉴。

第二节　人力资源管理对经济效益的影响及措施

现如今，我国在国际上的竞争实力越来越强，这不仅依赖于我国的经济发展取得重大进步，同样也是我国人才越来越多的体现。在国内，企业的规模不断扩大，企业数量不断增加，各行各业在市场当中都开始了激烈的竞争，这种竞争不仅仅在于产品、市场的竞争，也在于人才的竞争。人力资源是企业管理当中的核心部分，企业最重要的资源还是人，如果企业的人力资源管理做得非常出色，那么企业的发展也会比较平稳和健康。人力资源管理的科学系统也有助于企业资源的整合。这就需要对目前企业人力资源管理进行深入的剖析和研究，找到现阶段企业当中人力资源管理的主要问题，解决这些问题将会大大改善企业人力资源现状，进而使企业发展得更加稳定，提高经济效益。

一、人力资源管理和经济效益的关系

过去企业发展最重要的是产品和技术，这些是硬实力，企业如果想要提升经济效益就需要过硬的技术和吸引人的产品，往往忽略了人才的重要性，忘记了人力资源才是企业发展的根本。但是随着时间的推移，国民整体素质的提升，人们思维发生了转变，人们意识到，现在是完全取决于技术和人才，人才将会给企业带来更大的价值。企业管理逐渐进入了另一个阶段，即以人才为发展中心，逐渐与目前我国企业的现代发展理念相吻合。在今天的经济全球化时代，人力资源的核心位置显得更加重要，无论是国内激烈的市场竞争还是国际市场的挤压都促使企业要加强重视人力资源管理，否则人才也会选择更好的出路，而不是仅仅待在一家企业不断工作。只有改变人力资源管理才能在激烈的竞争中脱颖而出，使经济效益最大化。

人力资源管理是企业对自有员工以及人员的入职、离职、岗位匹配等的综合考虑管理。在现代企业发展当中，逐渐成为决定企业经济效益的因素之一，其比重也在不断上升。一般来说，企业人力资源管理有多项内容，包括计划、指挥和协调等管理方法，还包括人力资源战略规划、选择和招聘管理、员工培训、绩效评估等。人力资源管理的重点在于对人的管理，强调人在企业发展过程所发挥的重要作用，企业可以通过对人力资源的合理配置，提高企业经营的管理效率。

企业的经济效益当中主要包括管理资源、经济回报和规模效益，这在表面上并不容易实现。企业生存的基础就是有经济效益，企业的经营状况主要是通过企业的经济效益直观反映出来的。

二、影响企业经济效益的主要因素

(一)生产因素影响企业经济效益

在日常工作中，企业首先需要通过制度化生产来建立适当和完善的生产管理制度，以确保企业资产利用率始终保持在最佳状态，以保持平稳的进展，保障企业能够根据规划合理地完成各个阶段的经营活动，使企业产生最大的经济效益。因此，企业必须合理地分配生产资源，改善企业的工作能力，利用材料的最佳生产和利用方法扩大经济效益，使利润最大化。

(二)成本因素影响企业经济效益

在经济活动中投入相应的成本，包括生产或提供劳动成本等商品成本、生产成本、物质成本等。企业所耗费的成本越高，获得经济效益就越困难，因为企业的成本水平在一定程度上影响企业的实际收入。

(三)人力资源因素影响企业经济效益

人力资源决定了企业日常生产运营的效率和效果。企业的生产力也与企业的资源消耗直接相关。因此，如果想要高质量提升企业的经济效益，就需要在人力资源管理方面下功夫，将人力资源管理的位置摆正，提高管理水平，并通过提高人力价值来减少产品消耗。因此，可以说，在提升企业经济效益的众多因素当中，人力资源管理是非常重要的一条。因此，如果企业想要提高经济效益，最重要的就是先在人力资源管理当中发现问题，并有针对性地对这些问题进行解决，以确保企业活动的有效和有序执行，并帮助企业保持良好的运营状态。

三、人力资源管理增强企业经济效益的策略

(一) 建立完善的人力资源管理体系

现在竞争如此激烈的市场,对企业的人力资源管理效率提出了更高的要求。根据当前经济发展的需要,创造积极和谐的企业文化,为企业引入创新的人力资源管理理念。为了满足经济对人才的需求,要加强对工作人员发展的思考,并加强对他们的优秀技术、自信、强大的自我适应能力、综合素质以及能力提升的重视程度,通过创造对人才有益的条件来留住人才。公司需要在内部形成良好的氛围,在现有团队的情况下做好企业文化,以人为本,提升企业人员的归属感和责任感。在此基础上,为员工提供上升的渠道,使员工在企业当中能够感受到自己的提升,提高个人竞争力。同时,公司领导层面的人员需要提高人力资源管理意识,加强管理能力的学习和提升,以确保能够紧跟时代发展的脚步,及时更新理念,做好人力资源管理工作。

(二) 科学规划人力资源

企业在日常发展过程中需要对人力资源进行科学合理的规划。首先,必须在众多的人员当中选择适合企业工作和发展的人才,并为企业创造经济价值。最大限度地发挥每一名员工自身的优势和价值,将每一名员工的作用都体现到日常工作当中。其次,尽管企业在未来的发展过程中需要以人力资源管理为基础,但是在企业管理当中所需要的人才数量和综合素质都必须得到控制。

在企业内部管理当中,需要任用精英人才,招聘一些综合素质较高的员工,通过花费少量的人工成本获取较高的经济收益。在招聘人才时,必须对人才进行培训和规划其自身的职业生涯,以增强员工对公司的归属感。只有当工作人员意识到自己的工作和公司的发展相一致时,他们才会努力充分发挥自己的价值和热情去工作。最后,利用先进的科学技术手段对员工的发展进行长期规划,针对其性格、工作作风、工作技能,开展合理的人力资源规划,保证企业的长期发展。

（三）完善企业的再培训工作

在如今发展瞬息万变的时代，企业员工如果不能及时地更新自己的知识体系，就会被竞争激烈的市场所淘汰。企业需要为在岗员工提供再培训的机会，利用再培训的机会继续提升员工的综合素质，这也是提升公司能力的重要方式。为员工提供高质量的培训机会，可以邀请相关行业专家、学者开展培训会，也可以组织内部员工成立学习小组，定期开展学习的座谈会，邀请行业内经验丰富的人才到企业内部为员工打开工作新思路，都可以有效提升企业员工的综合素质和工作能力，保证企业人才的工作质量。

（四）制定有效的员工激励制度

企业的蓬勃发展需要员工的热情和主观能动性。要让员工积极工作且善于解决问题，就要制定有效的激励机制来刺激员工，这样他们才能积极参与企业管理。人力资源管理的基础是工资分配和绩效评估的管理机制。管理层对员工的工作做出了公正的评价，加强了员工的认可和忠诚，使公司和员工之间的关系更加紧密。在公司工作时，员工的归属感使员工能够将自己融入公司当中，完全把公司看作一个家庭，共同努力建立一个更好的公司，确保公司人才团队的稳定，为公司的未来制订长期计划。企业需要建立一个有效的激励机制，该机制需要基于激励性和经济性的原则。激励手段可以激励员工提高工作效率，从而加强员工与企业之间的联系，确保企业不会失去人才。一方面，企业可以通过员工的绩效评估和更多的劳动报酬原则提高高技能人才的工资，还可以引入带薪培训和提高学历的方法，以提高员工的综合素质和学习能力；另一方面，公司可以为员工提供带薪假期、旅行、子女教育补贴等，提供更多的福利、提高员工的满意度可以让员工更加努力、更加积极地工作，并有效地促进员工对企业的热爱，保证企业发展的可持续性。

总之，人力资源管理对企业经济效益的影响是深远的。在新时代背景下，才能发挥着越来越重要的作用，实现企业经济效益和发展。提高人力资源管理水平对于企业来说意义重大。在企业提高经济效益中发挥关键作用，促进了企业经济效益的增长和发展。所以，企业需要给予人力资源管理一定的重视，将人力资源管理纳入企业发展战略当中，通过人力资源管理使企业长效发展以及实现可持续发展。人力资源管理工作一直是人们关注的焦点和核心企业工作。企业对人力资源管理的基本要求包括人才的招聘、卓越人才的发展培养、科学的人才管理和合理评估。通过一系列措施，如不断改进人力资源管理体系和提高管理技能，优化企业管理的不同目标，提高人力资源管理水平，保证企业的经济效益和长期稳定发展。

第八章　绩效管理与激励机制创新

第一节　绩效管理体系的设计与实施

一、绩效管理之基：目的与意义

绩效管理是各级管理者和成员为达成组织目标而共同参与的绩效计划制订、绩效辅导沟通、绩效考核评价、绩效结果应用、绩效目标提升的持续循环过程，它并非仅是考核制度，更是战略管理工具，贯穿组织运营各方面。

（一）绩效管理对组织的目的和意义

1. 绩效管理是实现战略目标的导航仪

在组织发展进程里，战略目标宛如远方闪耀的灯塔。而绩效管理则是精准的导航仪，它将宏大战略细化为具体可操作的绩效指标，让成员清晰行动方向。通过持续监控与反馈，及时调整偏差，保障组织稳稳驶向战略目标。

将组织宏大战略细化为具体、可衡量的绩效指标，分解到各部门与岗位，让成员明确自身工作对整体目标的贡献，促使全员同向发力，避免资源浪费与行动偏差。以一个文化研究机构为例，其战略目标是深入挖掘本土文化内涵，推动文化传承与创新。为实现这一目标，研究部门需制订年度研究课题计划，确保完成一定数量高质量的研究报告；推广部门要策划并执行一系列文化传播活动，覆盖特定数量的受众群体，提升文化影响力；行政部门则需保障机构运营顺畅，确保各项资源合理分配与高效利用。各部门按拆解目标协同作战，推动机构迈向战略高地。

2. 绩效管理是优化内部管理的有力杠杆

在组织运营中，绩效管理宛如优化内部管理的有力杠杆，发挥着关键作用。它明确成员工作目标，将个人任务与组织战略紧密相连，让成员清晰知晓努力方向。通过定期评估绩效，能精准发现成员工作中的不足与优势，为培训和发展提供依据，促进成员成长。而且，合理的绩效激励机制能激发成员积极性，使成员为达成目标全力以赴，提升工作效率。同时，绩效管理为组织资源分配、岗位调整等决策提供客观参考，营造公平公正的环境，从而优化组织内部管理，推动组织持续发展。

绩效管理能精准识别组织运营中的优势与短板，为资源配置提供科学依据，合理分配各类资源向高效能环节倾斜，提升运营效率；同时，绩效考核结果能为人员调配、培训发展等人事决策奠定基础，保障人岗适配，激发组织活力。

（二）绩效管理对成员的目的与意义

绩效管理是职业成长的指南针，明确的绩效目标为成员指明努力方向和工作重点。在绩效辅导与沟通环节，管理者能够给予成员及时的指导与反馈，助力成员改进工作方法、提升技能；且绩效与奖励、晋升挂钩能调动成员积极性与创造力，让成员在为组织创造价值时收获物质与精神回报，实现自我价值。

（三）总体作用

绩效管理宛如组织发展的基石与引擎，处于组织管理体系的核心地位，科学合理且有效的绩效管理体系能助力组织在复杂环境中稳健发展，也为成员搭建成长舞台，实现组织与成员的共生共荣。[①]

二、设计绩效管理体系的关键步骤

（一）明晰组织战略目标

组织战略目标宛如灯塔，为绩效管理体系指引前行方向。它不仅承载着组织对未来发展的愿景与规划，还是一切管理活动的出发点与归宿。若将

---

① 李惠芳. 新经济背景下事业单位人力资源经济管理创新路径研究 [J]. 市场瞭望，2023 (23):87-88.

组织比作一艘航行在知识海洋的巨轮，战略目标就是舵手手中的罗盘，确保组织在波涛汹涌的发展浪潮中不偏离航向，驶向成功彼岸。

以一个科研机构为例。其战略目标定位于未来三年内成为某领域前沿研究的领军者，聚焦于关键技术的突破与创新应用，为社会提供高质量的科研成果与解决方案，进而提升在行业内的影响力。为实现这一宏伟蓝图，机构依据战略目标进行层层拆解，从研究项目组、职能部门到具体岗位，构建起一套环环相扣的目标体系。

在研究层面，各项目组被赋予重任，须每年开展至少两项具有创新性的研究课题，确保取得阶段性研究成果，并推动科研成果的转化应用；学术交流部门要积极组织与参与国内外学术活动，扩大机构的学术影响力，邀请一定数量的知名专家讲学，并在核心期刊发表规定数量的高质量论文。

职能部门紧密配合，人力资源部门负责引进与培养一批高素质、富有创新精神的科研人才，确保核心研究岗位人才储备充足，满足科研工作快速发展需求；后勤保障部门要合理调配资源，保障科研设备的正常运行与实验材料的及时供应，为科研工作提供坚实后盾。

如此这般，通过将宏大的战略目标细化为具体、可衡量、可落地的子目标，各部门、各岗位成员都能清晰洞察自身工作与组织整体发展的紧密关联，明确自身肩负的责任与使命，进而在日常工作中有针对性地发力，共同推动组织朝着既定战略方向稳步迈进。

（二）规划绩效评估周期与方法

1. 绩效评估周期的多元考量

绩效评估周期的设定，犹如为组织发展节奏校准节拍器，需紧密贴合组织特性、岗位职能以及业务发展的动态旋律。不同的评估周期，各具独特的优势与局限，宛如形态各异的工具，唯有合理选用，方能发挥最佳效能。

（1）月度评估

月度评估似细密滤网，以其高频次的节奏，敏锐捕捉成员短期工作表现的细微涟漪。在信息收集与整理岗位，每月的数据更新量、信息准确率以及任务完成进度，都是衡量工作成效的关键指标。又如宣传推广岗位，凭借每月的宣传活动效果评估、受众反馈等，能迅速发现工作中的不足并加以改进。然而，月度评估的短视效应也不容忽视，它可能诱使成员过度聚焦眼前指标，而忽视长期能力的培育与团队协作的深度融合。

（2）季度评估

季度评估如阶段性的休憩驿站，为成员提供了相对充裕的时间来沉淀成果、攻克难题。对于行政办公、财务管理等多数职能部门而言，季度周期既保证了一定的时效性，又避免了月度评估的琐碎频繁。成员在完成常规工作之余，有精力投身专项任务、流程优化以及团队协作项目，依据季度绩效反馈及时调整方向，实现螺旋式上升。

（3）年度评估

年度评估宛如一场全面的年终大考，站在时间的宏观视角，对成员全年的综合表现进行全景式审视。它涵盖工作业绩、能力成长、职业素养等多个维度，尤其适用于承担重要科研项目的负责人、关键技术骨干等承担长期战略任务、成果显现周期较长的岗位。然而，年度评估的反馈周期漫长，问题暴露相对滞后；若在过程中缺乏有效的沟通与辅导，成员可能在错误的轨道上渐行渐远，年终复盘时已积重难返。

2.绩效评估方法的精妙权衡

（1）行为锚定等级评价法

行为锚定等级评价法以其对不同绩效水平具体行为的详细刻画，为评估提供了直观且清晰的参照坐标，有效降低了主观判断的偏差。在服务窗口岗位与行政管理领域，这种方法尤为适用，因其高度契合注重工作流程与行为规范的岗位需求。然而，行为锚定示例难以穷举所有工作场景，且更新维护成本较高，这对组织的管理资源提出了挑战。

（2）目标管理法

目标管理法强调成员与管理者共同设定明确、可衡量、有时限的目标，将个人目标与组织战略紧密绑定。在项目执行团队中，项目成员与负责人共同制定季度项目目标，通过定期回顾与调整，确保目标的顺利达成。但目标管理法易导致成员过于关注目标本身，而忽视实现目标的过程与方式，甚至可能引发不正当竞争行为。

（3）360度评估法

360度评估法犹如多面镜子，从上级、同事、下属、服务对象等多个维

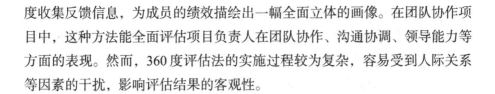

度收集反馈信息，为成员的绩效描绘出一幅全面立体的画像。在团队协作项目中，这种方法能全面评估项目负责人在团队协作、沟通协调、领导能力等方面的表现。然而，360度评估法的实施过程较为复杂，容易受到人际关系等因素的干扰，影响评估结果的客观性。

三、实施绩效管理体系的核心要点

(一) 强化绩效沟通与反馈

绩效沟通宛如连接管理者与成员的桥梁，贯穿绩效管理的全过程，其重要性不言而喻。频繁且有效的沟通能够及时化解工作中的误解与难题，为成员指明方向，赋予动力，恰似为前行的船只校准航向、扬起风帆。

沟通频率应当依据岗位特性与业务节奏灵活调整。对于从事一线服务工作的人员，鉴于服务对象需求多变，每日或每周进行简短交流十分必要，便于及时分享服务中的新情况、调整服务策略；而对于从事科研项目研究的人员，由于项目周期较长，每周或双周进行一次深度沟通较为适宜，既能给予他们充分的自主探索空间，又能确保项目按计划推进，不偏离既定方向。

沟通方式多种多样，各有优势。面对面交流在处理复杂敏感问题时效果显著，管理者能够敏锐捕捉成员的表情、语气等非语言信息，洞察其内心真实想法，及时给予安抚与引导；书面报告或电子邮件则适用于传递正式、需要留存备案的信息，如绩效评估结果、改进建议等，让成员有据可依，随时回顾反思；在线会议或视频通话打破了时空限制，成为跨区域团队沟通、展示资料、实时协作的得力工具；电话沟通在紧急且事项不太复杂时能迅速传递关键信息；团队会议或工作坊则是集思广益、凝聚团队力量的绝佳平台，能够激发成员的创新思维，推动团队共同进步。

反馈技巧是沟通的关键"润滑剂"。管理者应当秉持客观公正的态度，以事实为依据，用具体数据与实例说话，避免主观臆断、模糊笼统。例如，在评价成员的工作成果时，列举具体的完成数量、质量达标率等精准数据，让成员心服口服；采用"三明治"法则，先肯定成绩，比如"你在近期的工作中，成功策划并组织了一场大型活动，活动效果良好，得到了各方的认可，这一点值得表扬"，再委婉指出不足，"不过，在活动组织过程中，部分环节的时间把控还有提升空间",最后给予鼓励与期望,"相信你在今后注意改进,工作会做得更加出色",让成员欣然接受建议;同时,积极倾听成员的心声,给予他们充分的表达机会,用理解与尊重营造开放的沟通氛围,让成员畅所欲言,共同探寻绩效提升的路径。

(二) 落实绩效辅导与改进

绩效辅导是助力成员成长、提升绩效的"及时雨"。管理者需要敏锐洞察成员的工作表现,精准识别辅导时机。当成员接受新任务感到迷茫无措、工作进度滞后或者技能遇到瓶颈时,都是进行辅导的关键节点。

辅导方法丰富多样。①管理者可以亲身示范。比如负责业务指导的骨干带领新成员处理复杂业务,现场展示问题分析、解决方案制订与执行的方法。②分享经验。以自身过去的经历为蓝本,讲述应对类似难题的策略,为成员点亮前行的灯塔。③组织内部培训。针对共性问题,邀请专家或内部业务能手集中授课,答疑解惑。④鼓励成员自主学习,推荐专业书籍、在线课程,激发他们的内生动力,使他们自主探索提升的方法。

依据绩效反馈结果制订改进计划是关键的一步。首先,与成员共同剖析绩效差距的根源——是知识技能欠缺、工作方法不当,还是外部资源不足、团队协作不畅等因素导致的。例如,某成员在一项重要任务中未能达到预期目标,经过分析发现是由于对相关政策法规理解不深入以及与其他部门协作沟通不畅所致。其次,制定详细的改进举措,明确目标、步骤与时间节点。针对上述成员,设定短期目标为深入学习相关政策法规,本周内完成政策法规的梳理并形成学习报告;中期目标为与相关部门建立定期沟通机制,两周内确定沟通方式与频率并开始执行;长期目标为在后续类似任务中,确保任务完成质量达到优秀标准。同时,定期跟进评估,如每周小组会议汇报进展、每月进行全面复盘总结,根据实际情况灵活调整计划,确保改进之路顺畅无阻,成员绩效稳步提升。

(三) 合理运用绩效结果

绩效结果恰似一把精准的"标尺",广泛应用于奖励分配、岗位晋升、培训发展等诸多关键领域,对激励成员奋进、优化组织管理具有重要意义。

在奖励分配方面，将绩效与奖励紧密挂钩，构建公平合理、富有激励性的奖励体系。依据绩效评定等级，如优秀、良好、合格、待改进，拉开奖励差距，让高绩效成员劳有所得，获得丰厚的物质回报，激发他们持续奋进的动力；同时，为连续表现卓越的成员提供额外的荣誉奖励、培训深造机会或其他特殊待遇，彰显组织对人才的重视，吸引和保留优秀人才。

在岗位晋升决策上，绩效结果是重要的"敲门砖"。持续优异的绩效记录为成员开启晋升通道，赋予他们更大的责任与施展才华的广阔舞台。组织通过综合考量绩效、能力、潜力等多维度因素，选拔德才兼备的成员担当重任，确保晋升过程公平公正，让有能力者脱颖而出，为组织发展注入强劲的领导力。

在培训发展领域，绩效结果是精准的"导航仪"。深入分析成员的绩效短板，洞察知识技能方面的漏洞，量身定制个性化的培训方案。对于专业知识不足的成员，安排内外部的专项培训课程；对于沟通协作能力欠佳的成员，组织团队建设与沟通技巧培训；对于领导力有待提升的成员，规划领导力进阶项目，助力成员补齐短板，实现全方位成长，与组织发展同频共振。

此外，公开表彰奖励绩效突出的成员，授予荣誉称号、颁发荣誉证书等，借助内部宣传平台广泛传播他们的先进事迹，满足成员的精神需求，营造积极奋进、你追我赶的组织文化氛围，让卓越绩效成为全体成员共同追求的目标，驱动组织在发展的道路上不断前行。

第二节　绩效管理与激励机制的整合与应用

绩效管理能够精准衡量员工工作表现，为组织提供客观数据，助力管理者洞察员工优势与不足，进而有的放矢地进行人才培养与资源配置。激励机制则依据绩效评估结果，给予员工相应奖励，满足其物质与精神需求，激发其工作热情与创造力。合理的薪酬提升、荣誉授予以及晋升机会，能让员工深切感受到自身价值得到认可，从而以更饱满的热情和更高的效率投入工作。深入探究二者的整合与应用，不仅能优化内部管理流程、提升工作效率，还能增强团队凝聚力、吸引和留住优秀人才，为组织在激烈的市场竞争中奠定坚实基础，开启长远发展的新篇章。

一、绩效管理：精准评估，锚定方向

绩效管理是一个持续的过程，通过管理者与员工之间的定期沟通、评估以及审查工作职责、期望、绩效和发展策略，助力员工达成最佳表现，使其努力与组织战略目标相契合，营造积极充实的工作环境。

(一) 绩效管理的重要性

绩效管理的重要性不言而喻。一方面，它能精准识别员工的优势与不足，为组织合理分配资源、优化人才培养方案提供有力依据，进而全方位提升组织绩效。例如，通过对员工绩效数据的深度剖析，组织能够发现业务流程中的瓶颈环节，及时调整资源配置，促使业务高速稳健前行。另一方面，绩效管理能有效增强员工的参与感与归属感，提升员工的满意度，降低人才流失率。当员工清晰知晓自己的工作成果得到认可，且对个人职业发展有明确规划时，他们会更愿意扎根于组织。

(二) 绩效管理的原则

在实施绩效管理时，需遵循一系列原则。首先是公平公正原则。确保绩效评估标准统一、过程透明，让员工切实感受到评价的客观性，从而信服结果。其次是目标明确原则。为员工设定具体、可衡量、可实现、相关且有时限的目标，即 SMART 目标，使员工清楚知晓努力方向。最后是持续沟通原则。在绩效计划制订、执行、评估等各个阶段，管理者与员工都应保持密切沟通，及时解决问题，确保绩效目标顺利达成。

(三) 绩效计划与目标设定

绩效计划与目标设定是绩效管理的基石。在制订绩效计划时，管理者与成员需展开深入交流，综合考虑组织战略目标、部门职责以及成员个人能力与发展需求，共同确定工作目标与衡量标准。以某调研团队为例。在开展一项重要调研项目前，团队负责人与成员逐一沟通，依据项目整体规划和成员专长，明确各自的任务分工与阶段性目标，如在特定时间内完成一定数量

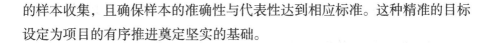

的样本收集，且确保样本的准确性与代表性达到相应标准。这种精准的目标设定为项目的有序推进奠定坚实的基础。

(四) 绩效评估环节

绩效评估环节，常见的考核方法丰富多样。目标管理法强调以既定目标为导向，根据员工对目标的完成情况进行评价，适用于目标明确、可量化的工作场景；关键绩效指标法聚焦于对组织、部门及个人业绩起关键作用的指标，通过对这些指标的监测与评估，精准衡量绩效水平，常用于对业务成果有直接影响的岗位；360度反馈法则从上级、同事、下属、客户等多个角度收集评价信息，全方位展现员工的工作表现，利于员工全面认识自身优缺点，促进个人成长，在团队协作要求较高的环境中效果显著。不同的考核方法各有优劣，组织应依据自身特点与需求灵活选用或组合运用。

(五) 绩效沟通与辅导

绩效沟通与辅导贯穿绩效管理全程。在绩效计划阶段，沟通旨在确保成员充分理解目标与期望，达成共识；在绩效执行过程中，管理者定期与成员交流，及时发现并协助解决问题，提供必要的资源与支持；在绩效评估结束后，沟通重点在于反馈结果，肯定成绩的同时，共同剖析不足之处，制订改进计划。例如，某成员在执行一项重要任务的过程中遇到困难，工作进度滞后。主管及时与其沟通，了解到是由于对相关政策解读存在偏差，于是分享自己对政策的理解与把握要点，指导成员重新梳理工作思路，并协调相关资源为成员提供解读政策的专业资料，助力成员逐步赶上工作进度[①]。

二、激励机制：多元驱动，激发动能

(一) 激励机制的定义与核心

激励机制是组织为激发成员工作积极性、提升工作绩效，通过满足成员物质与精神需求，促使成员为实现组织目标而努力的一系列制度、措施与方法的总和。其核心在于依据成员的需求层次与行为动机，运用多元化手段激发成员

---

① 尹婷婷. 新时代背景对人力资源经济师职业的影响 [J]. 营销界,2022(15):88-89.

内在动力，让成员自愿且全身心地投入工作，进而提升个人与组织绩效。

(二) 激励机制的理论根基

从理论层面来看，激励机制有深厚的理论根基。马斯洛需求层次理论将人的需求由低到高分为生理、安全、社交、尊重与自我实现五个层次，这启示组织在设计激励机制时，需充分考量成员所处的需求阶段，提供与之匹配的激励措施。比如，对于初入组织、经济基础薄弱的成员，满足其生理需求的合理薪酬待遇至关重要；而对于资深骨干成员，提供富有挑战性的工作任务以助其实现自我价值，往往更具激励效果。赫茨伯格的双因素理论则指出，保健因素 (如工作环境、薪资福利等) 能消除成员的不满，激励因素 (如成就感、晋升机会等) 才能真正激发成员的工作热情。这要求组织在保障基本保健因素的同时，着力挖掘并强化激励因素。弗鲁姆的期望理论强调，激励力等于期望值乘以效价，即成员对完成任务获得回报的预期以及对回报价值的评判共同决定了激励效果。所以，组织设定的目标要切实可行，让成员相信通过努力能够达成，同时提供的奖励要对成员有足够的吸引力。

(三) 满足成员需求的激励措施

满足成员需求的激励措施丰富多样。物质激励方面，薪酬激励首当其冲，它不仅包括基本工资，还涵盖绩效奖金、项目奖金等，依据成员工作表现给予额外奖励，直接刺激成员提升绩效；特殊津贴激励则针对核心成员或关键岗位人员，给予他们特殊津贴，以体现其重要性与贡献，增强成员的归属感与忠诚度。福利激励同样不容忽视，如提供健康体检、带薪休假、节日福利等，全方位保障成员生活，提升成员满意度。非物质激励也有诸多形式。职业发展激励为成员规划清晰的职业晋升路径，提供培训与继续教育机会，助力成员提升专业技能，实现职业成长；工作环境激励致力于营造舒适、和谐、富有创意的办公氛围，优化办公设施，打造团队协作空间，让成员身心愉悦地工作；情感与认同激励注重关注成员的情感需求，管理者及时肯定成员工作成果，给予真诚的表扬与鼓励，让成员感受到尊重与认可，激发成员的工作热情与创造力。

(四) 激励机制的设计与实施步骤

激励机制的设计与实施需遵循严谨步骤。首先是明确激励目标。这要紧密围绕组织战略目标，将组织的长期愿景细化为成员可感知、可努力达成的阶段性目标，确保成员的个人努力方向与组织发展方向一致。接着进行成员需求分析。综合运用问卷调查、访谈、绩效评估等手段，精准洞察成员的需求偏好、职业期望与发展瓶颈，为定制个性化激励方案提供依据。随后制订激励方案，涵盖激励形式的选择、激励标准的设定以及激励资源的配置等内容。例如，确定不同绩效等级对应的奖金数额、晋升所需达到的业绩指标等，同时要确保方案的可行性与成本可控性。在方案实施过程中，要强化沟通与反馈，向成员充分阐释激励方案的细则与目的，收集成员的意见建议，及时调整优化；还要做好激励效果的评估，定期分析激励措施对成员绩效、工作态度、团队氛围等方面的影响，总结经验教训，持续改进激励机制，使其始终保持活力与有效性。

三、整合应用：协同联动，效能倍增

(一) 绩效结果与激励措施紧密挂钩

绩效结果与激励措施紧密挂钩是关键一环。依据精准的绩效评估结果，为成员匹配与之相称的激励，能让激励效果事半功倍。对于绩效卓越的成员，给予丰厚的奖金、快速的晋升机会或极具含金量的荣誉称号，如"年度杰出贡献成员"等，让他们的辛勤付出得到充分认可，从而激励其勇攀更高峰；而对于绩效有待提升的成员，提供针对性的培训机会、导师辅导等激励措施，帮助他们补齐短板，迎头赶上。以某科研机构为例，每季度依据成员的科研项目完成情况、科研成果转化、团队协作表现等多维度绩效评估结果，评选出"季度科研之星"，给予高额奖金、优先参与重大科研项目的机会以及在全机构表彰的荣誉，这使得成员们在日常工作中充满干劲，努力提升个人绩效，争取获此殊荣。

（二）激励措施对绩效提升的推动作用

激励措施对绩效提升有着强大的推动作用。当成员感受到组织提供的激励切实满足自身需求时，他们会以更高的热情、更专注的态度投入工作，进而带动个人与团队绩效的上扬。比如，一家研究机构深知研究人员对学术成长的渴望，为他们提供丰富的国内外学术交流机会、与业内知名专家合作研究的项目；研究人员在汲取新知识、新思想后，研究成果的质量大幅提升，为机构赢得众多重要研究课题，机构的影响力显著增长。再如，某服务机构为一线服务人员设立"服务标兵"评选，获奖者不仅能获得奖金，还能获得深造学习的机会。服务人员们为了提升自身能力并赢得这份荣誉，服务愈发热情周到，服务对象的满意度飙升，机构的口碑与业务量随之稳步增长。

（三）动态调整与优化绩效管理与激励机制

在实际运行中，需依据组织内外部环境变化对绩效管理与激励机制进行动态调整与优化。随着业务拓展、社会需求变化或成员队伍结构改变，原有的绩效指标与激励方式可能不再适配。组织应敏锐洞察这些变化，适时调整绩效指标权重，优化激励形式与力度。例如，当某教育机构拓展在线教育业务，面临更高的教学质量与技术应用要求时，及时在绩效指标中加大线上教学质量、技术应用能力的权重，同时针对在线教育业务团队增设"在线教育创新奖"，激励成员全力攻克难关。又如，随着年轻成员逐渐成为主体，他们对工作与生活平衡、个人兴趣发展更为看重，组织可相应增加弹性工作制度、兴趣小组活动经费等激励措施，吸引并留住年轻人才，确保组织始终保持旺盛的活力与竞争力。组织通过持续的动态调整，使绩效管理与激励机制始终紧密贴合组织的发展需求，为组织的长远发展保驾护航。

第九章　人力资源中的入职与离职管理

第一节　员工入职管理

一、员工入职管理实务

员工入职管理，不仅保证员工在入职阶段基本的手续办理、合同签订、试用转正等流程标准化、规范化，降低单位的风险，还是让新员工感受到单位的办事效率，并快速融入组织文化、进入工作角色的方法。

（一）员工入职流程

员工面试合格，单位对其发放录用通知后，员工一旦接受并确认，下一步将办理入职手续。员工入职的基本流程及关键控制点内容如下。

1. 入职前的准备

在新员工报到前，人力资源需要做好充分的准备工作，主要包括以下内容。

（1）确定好新员工的入职时间，提前做好入职手续办理的各项准备。

（2）虽然录取通知中已包含入职需要携带的相关资料，为防止新员工入职时遗漏，人力资源部最好提前电话确认。

（3）若需要新员工做入职前体检的，要安排好体检相关事宜。

（4）协同相关部门，为新员工安排好座位，并提前准备好相关的办公用品、工作服、工作牌、餐卡、入职需要的各类资料和表单等。

（5）提前与用人部门对接，通知用人部门领导，提前为新员工准备好帮带师傅或入职对接人。

2. 办理入职手续

办理入职手续的过程主要是收集资料、核对信息、整理归档的过程，主要包括以下内容。

（1）面试时使用的《岗位申请表》可以作为面试的入职登记表使用。

（2）收取新员工的相关资料。

（3）核对《岗位申请表》上的相关信息与入职后个人准备的信息是否一致。

（4）与新员工签订劳动合同。

（5）告知新员工入职培训的时间和地点。

3. 入职培训

入职培训，也就是新员工培训，基本操作是执行新员工培训流程，但需要注意以下内容。

（1）学习单位各类规章制度、员工手册，一定要有培训前的签到和培训后的考试。

（2）培训结束后，由所有新员工对学习内容签字确认，签字内容参考如下。

本人已详细阅读并学习了单位××的全部内容，并谨此声明本人愿意自觉遵守。

如有违反，自愿按照单位相关规定执行。

（3）带新员工参观单位或相关的岗位。参观前，需要与各部门做好沟通，以免影响各部门工作的正常运转。

（4）新员工参观过程中需要有专门人员进行专业细致的讲解，耐心全面地解答新员工的问题。

4. 用人部门接待

用人部门在新员工入职过程中的作用比人力资源部更重要，它直接影响着新员工的感受，决定了新员工未来是否愿意留在单位、能否融入单位长期稳定工作，其主要内容如下。

（1）部门安排的帮带师傅或专人负责引导新员工并作相应的人员介绍。

（2）对新员工做本部门规章制度和岗位职责要求的必要介绍。

（3）部门例会上向同事介绍新员工。

（二）员工保密操作

为了保障单位的信息安全，防范和杜绝发生各种泄密事件，保护和合理利用单位秘密，确保单位信息披露的公平、公正，保障单位及其他利益相关者的合法权益不受侵犯。单位在日常管理中，对某些接触单位商业和技术秘密的特殊岗位的员工会有保密的要求。

要使员工做好保密工作，除了日常的流程设置、教育培训等保密管理工作外，还需要在入职的环节做好相关工作。与保密工作类似的还有知识产权管理，比较好的办法是与员工签订《知识产权保密协议》，并将其作为《劳动合同书》的补充附件。

(三) 竞业限制操作

竞业限制指的是用人单位为了保护自身的商业秘密，经过劳资双方协商后约定，在劳动关系存续期间，限制或禁止员工直接或间接在与单位存在竞争关系的单位兼职；或者在劳动关系结束后的一段时间内，限制或禁止员工直接或间接到与单位存在竞争关系的单位任职。

为便于管理，实务中的竞业限制大多是直接采取竞业禁止的方式。比较好的处理竞业禁止的方式是单位经过与员工协商后，与员工签署《竞业禁止协议》，并将其作为《劳动合同书》的补充附件。

(四) 试用期及转正

许多人力资源管理人员搞不清楚试用期、实习期、见习期的基本概念，常常在口头表达或正式文件中将三者混淆。其实，三者存在本质的不同，其主要区别如下。

1. 试用期

试用期，指的是劳动合同履行的初期，代表劳资双方已经正式确立劳动关系，但需要一个"过渡期"可以供彼此了解、尝试、熟悉，给彼此都留有选择的空间和余地。劳动者在试用期的工资不得低于用人单位所在地的最低工资标准、不得低于本单位相同岗位最低档工资、不得低于劳动合同约定工资的80%。

2. 实习期

实习期一般是指学生在校期间，为了能够提升自身的综合素质、更好地适应未来踏入社会后的角色转变，选择提前到单位实地参与、熟悉工作岗位、获得实践工作经验而进行的活动。实习期学生和单位之间的关系不是劳动关系，而是一种学习实践的关系。学生实习期所在的单位，也不一定是未来与之签订劳动合同的单位。

见习期不是法律层面的概念，它通常是组织内部岗位职级的规定，也是一种"过渡期"。它指的是当员工新进入某个岗位或职务时，由于对岗位或职务不熟悉，需要一段熟悉和实际操作的过程，组织在此期间考察候选人的工作表现、能力或绩效是否能够匹配该岗位的基本要求。

员工在试用期间，人力资源部不能"放任不管"，需要及时摸底和跟进，具体工作如下。

（1）面谈。一般在入职的一周之内、一个月之内和转正之前需要做三轮面谈，每轮面谈的对象分别是员工本人、员工的帮带师傅或周围的同事等。面谈的内容主要是员工对工作氛围和工作内容的感受、员工是否得到了来自部门内部应有的关心和帮助、员工的师傅或同事对该员工的评价、员工遇到的问题以及需要的帮助等。

（2）反馈。根据员工试用期间的三轮面谈情况，提炼出有建设性的、有价值、有意义的信息反馈给新员工的直属领导或部门负责人。如果发现新员工的直属领导或部门负责人没有很好地帮助新员工融入新的工作环境，人力资源部需要及时指出，了解实际情况并及时修正，根据情况给出指导和建议。

（3）总结。针对新员工在试用期间遇到的不同问题，根据与新员工和部门之间的面谈结果，人力资源部要总结招聘、面试、入职、试用过程中存在的问题，比如对于人才的招聘标准是否有问题、面试的方法和判断是否有问题、入职培训的全面性是否有问题、入职和试用期间的管理是否能优化等。

为便于员工总结和提高能力，新员工在试用期间，需要定时提交总结报告，频率一般为一周到一个月提交一次。

3. 转正

试用期满后，新员工可以按照单位的转正流程提交转正申请。

员工提交转正申请后，在正式转正之前，人力资源部需要组织对员工的评估。转正前的评估可以根据必要性设置知识层面的评估、能力层面的评估、行为 / 态度层面的评估和绩效层面的评估四个维度。

知识层面的评估是评估新员工对该岗位应知应会相关知识的掌握程度。测评的方式可以是笔试或者面试时的口试。需要注意的是，实施知识层面的评估需要提前准备试题库和标准答案，设置的问题需要和新员工的工作相关性强且属岗位必备的知识。

能力层面的评估是评估新员工是否已经掌握了岗位必备的各项基本能力。测评的方式可以有实测操作模拟、工作成果评估、专家意见评价、直属领导评价、团队成员评议、关联方打分等。

行为/态度层面的评估是评估新员工日常工作过程的行为和态度是否符合单位的要求和期望，是否存在消极怠工、违规操作等不好的态度和行为。测评的方式可以通过民主评议或直属领导打分。

绩效层面的评估是评估新员工的工作成果是否达到了岗位的基本要求。测评的方式是岗位绩效评价。需要注意的是，由于新员工入职的时间较短，对新员工的要求不应过于严苛，一般是达到该岗位绩效的最低要求就可达标。

（五）工时制度选择

工时制度分为三种，即标准工时制、综合工时制和不定时工时制。单位可以根据自身经营情况的特点，选择适合自身特点的工时制度。

1.标准工时制

标准工时制是我国最普遍的工时制度，如果单位不进行申请，则默认实行标准工时制。标准工时制的工作标准为员工每天工作时长为8小时，每周工作不超过40小时。每周保证劳动者至少休息1日；有生产经营需要的，经与工会和劳动者协商后，一般每天延长工作时间不得超过1小时；特殊原因每天延长工作时间不得超过3小时；每月延长工作时间不得超过36小时。

2.综合工时制

综合工时制是以标准工时为计算基础，在一定时期范围内，综合计算工作时间的工时制度。这类工时制度不再以天为单位计算工作时间，而可以用月、季、年为单位计算，所得平均日或平均周的工作时间应当与标准工时制的时间相同。

实行综合工时制的单位，无论劳动者单日的工作时间为多少，只要在一个综合工时计算周期内的总工作时长不超过以标准工时制计算的应当工作的总时间数，就不视为加班。如果超过该时间，则应视为延长工作时间，同样地，平均每月不得超过36小时。

3. 不定时工时制

标准工时制和综合工时制都属于定时工时制，它们都是根据工作时间来衡量劳动者的劳动量。不定时工时制是一种直接确定劳动者工作量的工时制度。因生产特点、工作特殊需要或职责范围的特点，无法按照标准工作时间计算工时的，可以申请不定时工时制。

4. 特殊工时认定

综合工时制和不定时工时制都属于特殊工时制，单位如果想实行这两种工时制度，需要到有关政府部门申请，并办理相关的审批手续。申请和审批方式以各省、自治区、直辖市人民政府劳动行政部门的制定为准。否则，一旦出现劳动争议，单位主张自己是综合计算工时制时没有法律依据的，劳动者有权要求按照标准工时制计算加班工资。

（六）入职注意事项

人力资源部在办理新员工入职时，需要特别注意以下事项。

1. 岗位职责明确环节

新员工入职前，单位需要有用人岗位清晰明确的岗位职责，一是为了评估该岗位究竟需要招聘什么类型的人才；二是为新进人才入职后能够快速理解岗位工作内容，快速进入工作状态提供保障；三是为了能够有效评估新员工上岗后工作职责的履行情况。

明确岗位职责需要罗列出各岗位所有的基础性工作活动，分析涉及的相关工作任务，并据此明确列举出必须完成的任务以及每项任务背后的目的和需要达成的目标，根据任务和目标的要求，明确出该岗位需要具备的各项能力。

2. 入职前的登记环节

人力资源部要对员工入职材料和信息的真实性做仔细核查，重点关注的信息包括员工的教育背景信息、工作经历信息、家庭成员信息、紧急联系人及通信地址信息、健康状况信息。务必要新员工在岗位申请表最后的声明中亲笔签字。

人力资源部要核查员工上一个单位开具的双方已经解除劳动关系、并不存在任何劳动纠纷的证明；对于特殊或敏感岗位，要提前通过电话、邮件、传真等方式审查候选人是否还处在竞业限制期。

3. 入职前的体检环节

入职前的体检环节是确认候选人身体健康状况的依据，人力资源部应注意核查，有效甄别出个别员工体检作假的情况。同时注意，不要有健康歧视，要根据劳动者的健康状况合理分配岗位。

4. 签订劳动合同环节

用人单位与劳动者劳动关系的确立是自用人单位用工之日起，也可以理解为劳动者第一天报到开始。劳动合同需要在劳动者工作之日起的一个月内签订。

二、员工入职管理的优化

在新形势下，人才是比较重要的资源，人才竞争实力将会给单位经营发展带来直接影响。如何科学利用人才，增强单位综合竞争实力，为单位创造最大效益是当前单位管理者重点思考的问题。随着科技发展水平不断提高，各个行业为了积极响应国家提出的"人才强国"发展战略，都对新入职人员进行科学管理，根据单位经营发展状况与岗位需求，有针对性对新入职员工进行培训，让其对工作岗位有深入了解，快速进入工作环境中，更好地胜任工作，为新入职员工发展提供机会，挖掘其工作潜力，给单位创造最大化的利益，从而促进单位战略发展目标快速完成[①]。

（一）对新入职人员基本能力的要求

在大部分单位中，一般人员的编制数量少，工作任务呈现出多元化特点，这就要求新入职人员快速适应工作岗位，尽快"上手"，将其发展成单位优秀骨干。随着政府部门逐渐放权，基层部门的职责内容数量增多，对人员工作要求越来越高。根据实际工作情况，新入职员工在单位中具备的能力有以下几点。

---

① 霍金金. 企业新入职人员的人力资源管理探析 [J]. 全国流通经济,2023(15):140-143.

1. 业务能力

对于本职工作范畴内的事情，新入职员工不仅要了解工作内容和工作方法，同时还要将其落实到位，全面提高自身专业水平和综合素养，熟练使用各种法律政策和工作体系，及时找到工作中存在的问题，具备问题处理的能力，提高业务水平和素养。

2. 求真务实的能力

要求新入职员工除了要对工作内容、要求、范畴等有所了解之外，还要充分展现出工作重点，不仅要知其表象，同时需要掌握实质内容，既要分析预测结果，还要进一步探索工作结果对自身发展的影响，通过深入分析和研究，对症下药，提出解决问题的方法和对策。

3. 公文写作能力

尤其是一些比较年轻的新入职员工，应注重对其公文写作能力的培养，提高其自身专业水平和工作能力，在培训中学习更多的表达技巧和业务技能，既要掌握广泛的知识，还要具备一定的文学功底，真正实现提笔能写、言之有物、工作有章法。

4. 创新能力

要求新入职员工善于总结工作，从中找到工作规律，总结经验。并且，善于发现和探索，将一些不太成熟和全面的创新想法进行系统化、标准化、科学化处理，通过以点带面促进工作改革创新。新入职员工还要具备学习各种新知识、新技能的意识，通过掌握各种经典工作方式，结合实际情况，对其改革创新，形成符合自身要求的特色工作模式。

5. 团队合作的能力

新入职人员应树立顾全大局的意识，树立正确的协作意识、服务精神，将集体工作价值全面发挥，寻找更多新的工作方式和方法，协调好各个部门及工作关系，真正做到上下级之间深入交流，保持良好的合作关系，从而便于各项工作的顺利进行，取得理想的工作成果。

对于上述要求的五种工作能力，一方面要求单位定期组织开展各种培训活动，另一方面要求新入职员工在工作中不断摸索和创新，提高自身实践能力，从中积累丰富的工作经验。通过各种实践，优化自身技能，这是无法通过文凭、各种理论知识来衡量的。基于此，新入职人员应尽快具备这些能

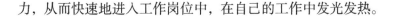

力，从而快速地进入工作岗位中，在自己的工作中发光发热。

(二) 新入职人员人力资源管理的优化措施

1. 构建完善的人力资源管理体系

众所周知，我国幅员辽阔，人才辈出。但是总有一些单位领导层说缺少优秀人才，导致这种现象出现的原因往往和单位人力资源管理环境有着必然的联系，受到人力资源管理模式的影响。所以，单位需要结合时代发展要求，引进先进的人才管理理念，加强人力资源管理模式改革，制定详细的人力资源管理计划，完善人力资源管理体系。在实际中，单位可以从战略发展角度入手，及时招聘一些高水平高素养的优秀人才，根据人才的专业水平和工作能力，将其安排到最适合的工作岗位中，人尽其才，有效提高单位整体工作水平。人力资源管理部门还要深入其他部门，通过深入调查与交流，制定岗位规划和职业分配体系，并结合新入职员工工作能力和日常表现，将其分配到对应的工作岗位中，充分展现出以人为本的管理理念，尽可能为新入职员工提供一个和谐、公正、透明的工作环境，为发挥其工作价值提供机会，让新入职员工觉得有用武之地，让员工职业目标和单位战略目标高度统一，共同发展。除此之外，单位还要结合工作要求和经营特点，加强岗位培训体系建设。

现阶段，部分单位已经根据不同岗位要求和内容，建立了分级、分类的培训体系，成立专业的培训机构，对于新录用的人员，在试用期为其提供专业性培训，并对所有单位员工进行新知识、新技能的培训，提高各级人员工作能力。对于单位开展的各种培训活动，认真记录，把培训内容、培训方法、培训流程、培训成果作为考核的依据，或者为员工任职晋升提供凭证。各级部门应加强良性培训体系建设，及时反馈培训成果，保证培训目标顺利完成，提高单位整体工作水平。

2. 实施"以文化人"的管理策略

文化建设是现代人力资源管理中比较重要的组成部分，单位文化对员工有着较强的指导作用，可以起到提高向心力、凝聚力的效果，是单位创新发展的关键。在单位文化建设中，强调的是"以人为本"，满足时代发展要求。因为缺少丰富的工作经验，对于新入职的员工来说，在日常工作中时常会出现各种错误问题，为了激发其工作潜力，不可区别对待。反之，需要在单位文化的正确引导下，给予新入职员工更多的关注和耐心，尊重他们，科学引导，帮助新入职员工快速进入工作岗位中，融入单位大家庭，和单位一同发展。对于新入职的人员，单位应加强培训和指导，增强员工创新意识，培养其创新思维，结合其工作能力和实际表现，选拔优秀人才，委以重任，知人善用。在日常工作和生活中，单位领导应主动和新员工交流，了解其工作诉求和想法，欣赏下属，发现其身上的闪光点，从而提高新入职员工对单位工作的信任度与信心。单位还要对现有人事选用体系进行改革与优化，实施面向社会的公开招聘体系，为单位引进更多的优秀人才，快速实现才尽其用的发展目标。

3. 定期组织安排培训活动

单位可以结合岗位要求招聘更多的优秀人才，而在实际单位人才招聘中，招聘的人员主要以应届大学生为主，其工作能力和专业技能都不满足单位工作要求，在这种情况下，需要单位对其进行专业培训，从而帮助他们快速适应新的工作环境，胜任工作，满足单位战略发展要求。在对新入职员工培训时，单位应做到因材施教，也就是结合工作岗位需求和新入职员工基本情况，对其展开对应的培训，帮助他们快速适应工作岗位，完成本职工作。对于工作能力强、道德素养高的优秀人才，单位应该给予高度重视，并且给其提出更高的要求，实施专业化的培训，帮助他们快速进入工作状态，发挥自身优势和特长。

在实际工作中，单位还要对新入职的员工进行科学指导，提高他们工作的责任心，让他们了解无论从事怎样的工作，都要做到有担当有责任，扎实工作基础，努力钻研，在工作中不断地磨炼自己，夯实自己，打磨自己的意志，挖掘他们的工作潜力，扬长避短，从而促进新入职员工更好发展。

4. 科学建立绩效考核体系

为了激发人力资源管理潜力，单位可以根据新入职员工工作表现，构建完善的绩效考核体系，科学设定绩效考核指标，从工作表现、工作能力、工作态度、工作成果等多方面进行绩效考核，根据考核结果，为新入职员工提供相应的奖励，保证绩效考核的工作性与公平性，真正做到奖罚分明，在单位内部营造良好的工作氛围。单位除了要对工作表现好、工作态度积极的优秀员工进行奖励之外，还要处罚工作态度显散的员工，如果是出现重大错误问题的员工，可以提出开除的处罚措施，以起到警示的作用。激励是一种挖掘员工工作潜力的重要方式，在激励方面不仅仅局限于物质激励，同时也包含了精神上的激励，例如定期为员工开展相应的研讨会，或者给员工提供外出学习的机会，通过多元化的激励手段，可以极大限度地挖掘他们工作潜能，为单位更好发展出谋划策。在单位人力资源管理中，绩效评价管理作为重点内容，保证绩效评价的公正性与客观性，为员工提供一个公平的工作环境，挖掘员工单位潜力，提高单位工作质量。在绩效评估中，通过明确考核指标，衡量各个岗位与工作绩效考核结果。因为单位在经营发展中，每个部门承担的责任和工作内容各不相同，工作岗位有着明显差异，如果绩效评价体系缺乏合理性，绩效指标将无法满足工作岗位要求，甚至发生绩效失真的状况。在人力资源管理中，企业应对各个部门及工作岗位进行调查与分析，提炼具有指导价值的绩效指标，根据各个岗位工作要求和实际特点科学设计，整合绩效系数，协调好技术参数、业务参数、劳动参数等，保证绩效考核质量。在实际工作中，单位可以结合人才需求，适当扩充评估范畴，从多角度入手，设定合理的考核指标，并在绩效考核实施过程中丰富评价主体，通过各种评价方式，如自评、互评等，这让员工更好地了解自己工作情况，也有利于单位及时调整人力资源管理计划，让绩效评价变得专业和有效[1]。

总而言之，在新形势背景下，单位所处的市场环境不断变化，面临的竞争压力越来越大，为了实现单位更好发展，加强人力资源开发与管理是非常必要的。对于任何单位来说，在单位经营发展中，需要得到充足人才的支持，人力资源是增强单位综合竞争实力的关键，通过加强人力资源管理，充分挖掘人力资源价值，尤其是对于单位新招聘的员工，根据新入职员工整体情况组织开展相应的培训工作，让其在培训中学习更多的专业技能，快速胜任工作岗位，充分发掘自身工作优势，为单位健康发展作出贡献。

---

[1] 逯春雷．人力资源管理中社会保险工作的开展方式探究 [J]. 中国产经 ,2020(23):75-76.

第二节 员工离职管理

一、员工离职管理实务

员工离职管理在单位人力资源管理体系中起着举足轻重的作用，它是单位减少人才流失、降低人力资源管理成本、保证人才有序流动、维护单位和员工的合法权益、提高人力资源管理水平的重要方式。

（一）离职作业流程

根据员工是否出于主观意愿，可以把员工离职分为主动离职和被动离职两种。主动离职包括员工由于各种原因主动提出辞职、合同期满后员工不再续签、退休后不接受单位的返聘三种类型；被动离职包括员工被单位辞退、合同期满后单位不再续签、单位被迫的经济型裁员三种类型。针对不同的离职方式有不同的作业流程。

1. 主动辞职

主动提出辞职的员工，应在《中华人民共和国劳动合同法》（2013年7月1日）规定的时间内提出，填写离职申请表，经单位直属领导、部门负责人和人力资源部审批后，办理离职手续。

离职员工应填写离职交接表，按照离职交接表中的内容逐项执行交接手续。

交接的过程需注意，由于员工离职后的工作职责、文件资料、办公用品等每一项不一定是全部交接给同一个人，所以，移交的过程需要逐项核对后，由接收人逐项签字。如果表格填不下，可以附交接清单。如果交接过程中发现有物品或资料遗失或毁损，给单位造成损失的，应按照相关规定折价赔偿。

2. 劳动合同到期

劳动合同期满的，劳动合同终止。也就是说，当劳动合同期满时，若无特殊情况或特殊条款说明，劳动合同自动终止，用人单位和劳动者之间的劳动关系解除。除用人单位维持或者提高劳动合同约定条件续订劳动合同，劳动者不同意续订的情形外，终止固定期限劳动合同的，用人单位应当向劳动者支付经济补偿。

简单地说，就是当劳动合同到期时，如果用人单位不想和劳动者续签合同，用人单位需要向劳动者支付经济补偿。劳动合同到期解除劳动关系，用人单位无须支付经济补偿的情况只有一种，就是用人单位想要和劳动者续订劳动者合同，且条件是维持或提高劳动者的劳动条件，而劳动者本人不愿意接受。

3. 退休

根据各地人社部门的规定不同，退休办理的流程不尽相同，当员工达到法定退休年龄后，正常退休的办理流程如下。

（1）员工先填写退休申请表（一般需含有一寸照片）。单位每月在当地人社部门规定的时间内，向人社部门提交退休人员的退休申请表、身份证原件及复印件（复印件一般一式两份）、医保卡复印件、员工档案（一般需要加盖单位公章）。

（2）人社部门审核退休人员的出生年月、参加工作时间、历年调资表、社保缴费年限等，审核后开具公示单。

（3）单位公示无异议后，加盖单位公章。当月缴纳完社保后，人力资源管理人员对退休人员进行减员，向人社部门提交退休申请表、退休申报表、退休公示表。

（4）有部分地区的人社部门对有需要的人员，可以打印退休证明。

如果是特殊工种或因病等情况需要提前办理退休的人员，办理流程比正常的退休流程多一步提前审核的过程，人力资源管理人员可以根据当地人社部门的具体要求提交相关审核材料。

4. 辞退和经济性裁员

辞退，指的是因员工违反单位的规章制度、劳动纪律或犯有重大错误，但还没有达到双方自动解除劳动关系的条件，经过合法合规的处罚、调岗、培训后仍然无效，用人单位经研讨后，经过一定的程序，主动与该员工解除劳动关系的行为。

经济性裁员，指的是单位的生产经营遇到困难，为了保证自身能够正常存续，通过一次性主动辞退部分员工的方式，以缓解经营状况的过程。

辞退和经济性裁员都是用人单位主动与劳动者解除劳动关系的行为，

实施之前应当事先将理由通知工会，工会同意后，与员工谈话，并按照相关法律法规执行。如果有员工给用人单位造成损失的，用人单位有权要求赔偿。

(二) 离职面谈方法

离职面谈是用人单位工作人员与待离职人员就离职相关问题进行的谈话。离职面谈分为两种，一种是对主动离职人员的面谈，另一种是对被动离职人员的面谈。

对主动离职人员的离职面谈的目的通常是为了安抚员工的情绪、挽留员工留在单位继续工作、了解员工离职的真实原因、收集员工的改进意见或建议、提高单位人力资源管理水平、提高单位声誉。对被动离职人员面谈的目的通常是为了劝员工离开单位。本节主要介绍对主动离职人员的面谈方法。

1. 离职面谈的时间

离职面谈通常都是在员工正式提出离职的想法之后，其实这并不是沟通的最佳时机。防患于未然，是对待员工离职最好的管理手段。沟通开始的时机，最好选择在当员工出现工作态度散漫、工作积极性下降、阶段性请长假、行动诡异、神色慌张、时不时地到无人地点接听电话等具有离职意向的行为苗头时。

2. 离职面谈的地点

在选择离职面谈的地点时，要注意对离职员工的隐私保护，选择光线较明亮的房间，注意面谈地点周边的环境，在面谈过程应尽量避免周围产生噪声、杂音或干扰。

3. 离职面谈的内容

如果是提前发现员工的行为反常，但员工还未提出离职的情况，可以与员工分享单位发现他行为上的异样，了解他最近是不是有什么事情发生，是不是生活或者工作中遇到了什么问题。

如果是生活上的问题，可以和员工讨论单位是否能够通过做些什么具体事项帮助员工解决问题或渡过难关。如果是工作中的问题，人力资源管理人员可以和员工一起寻找解决问题的出路和方法。

了解到员工的离职原因后，要传达共情，即表达出人力资源管理人员对员工情感和所处情景的理解和感同身受。通过对离职原因的判断，如果存在挽留员工的可能，人力资源管理人员可以与员工一起做利弊分析，突出留在单位的优势，和员工一起寻找既能让员工留下，又能让双方达到满意的解决方案。

如果员工不置可否或者表示要好好想想，可以给员工3～7天的时间做出决定。如果员工坚持要选择离开，人力资源管理人员可以征询员工对单位的意见或建议、了解员工离职后的去向、提醒员工离职前要继续履行工作职责并协助做好工作交接、提醒员工必须履行的保密和竞业禁止责任。

4.离职面谈注意事项

要明确离职面谈的目标。离职面谈的总体目标是改善单位的人力资源管理能力，但对于不同类型的员工，目标侧重有所不同。对态度好、能力强、绩效高的员工，离职面谈的目标以挽留为主；对态度差、能力弱、绩效低的员工，离职面谈的目标可以只了解离职原因。

在做离职面谈之前需要有所准备，要提前了解员工的家庭情况、工作情况、上下级关系、同事评价、人格特质及可能的离职原因等信息，提前预测谈话过程中可能发生的情况、可能采取的行动以及可能的解决方案。

应体会和感知离职人员的想法，多站在他的角度思考问题。围绕员工的利益，选择他认同或感兴趣的话题与其交流。注意语调的平和、态度的平等，避免产生判断性的语言或语调。

离职面谈应多采用开放性问题，比如为什么、是什么、怎么样，少用封闭性的语言，比如是不是、对不对、行不行。当涉及敏感隐私问题的时候，要小心询问。

离职面谈后，要注意对面谈过程内容的保密，不得随意泄露员工的隐私。

（三）离职风险提示

员工离职过程如果操作不当可能存在许多风险，比较常见的有以下几种。

1.违法解雇的风险

用人单位应保留好员工的辞职申请书，员工离职后，单位开具离职证明，需要注明详细的离职原因和离职时间。如果员工是因为严重违反单位规章制度而离职，还需要保留员工违反规章制度的证明、向工会提出的申请、单位内部的公告、向员工发放的通知等全套证据材料。

2. 经济赔偿的风险

员工离职时，劳资双方应严格按照相关法律法规执行。需要用人单位支付经济补偿金的，用人单位应合法合规支付；员工在职期间造成用人单位损失需要赔偿的，员工也应该在离职前赔偿。

有的单位错误地认为员工未提前30天向单位提出离职申请可以扣押员工工资作为对单位损失的补偿。除非单位有明确的证据证明，否则在员工离职时，单位应一次性结清员工的工资。

3. 竞业禁止的风险

用人单位在与员工签订《竞业禁止协议》时，要约定经济补偿金的金额。在员工离职后，用人单位要切实履行经济补偿金的义务，否则该《竞业禁止协议》无效。

4. 泄密的风险

对于签署保密协议的员工，应按照协议的约定履行在职或离职期间保守单位相关秘密的义务。如果保密协议中明确规定了保密的期限包括员工离职之后，而员工未履行，则单位可以按照协议约定追究员工的法律责任。

为了避免员工离职后产生不必要的劳动纠纷，在员工正式离职之前，用人单位可以要求员工加签一份《离职承诺书》。

二、员工离职管理优化策略

离职管理是单位人力资源管理体系中的重要组成部分，在提高单位人力资源储备水平，促进人力资源管理文档发展方面有着不可替代的重要作用。改革开放以来，单位的离职管理水平已经有了很大提高，然而，同单位的发展需求相比还存在较大差距。开展单位员工离职管理的作用及策略研究，将有助于更好地了解和掌握单位离职管理的发展现状，找出单位在离职管理中存在的不足，并提出相应的对策措施来加以解决，这对于提高单位的离职管理水平，促进我国人力资源管理的健康发展有着重要意义。

（一）单位员工离职管理的作用

离职管理作为单位人力资源管理的重要组成部分，在单位人力资源管理以至整个单位管理中都有着十分重要的作用。总体来看，离职管理的作用主要包括以下几个方面：一是保证人员流动的有序性；二是维护单位与员工的合法利益；三是减少单位人才流失[①]。

（二）促进单位离职管理水平提高的措施

1. 积极吸收先进理念

提高单位的离职管理理念，要从理念的吸收与学习以及理念的实践两个方面来开展。首先，从理念的吸收与学习角度来看，要端正自身态度，积极向先进单位、管理者学习其在离职管理中的先进经验，要从离职管理理念的发展前沿出发，进行管理知识的学习，通过前沿理论的学习来提高思维深度。其次，要通过工作实践将学习、吸收到的理念加以实际应用，并在应用中进一步地学习和研究。要根据单位自身的实际情况，对吸收的先进管理理念进行适当的选择，使之能够符合单位的实际情况和需要。

2. 加强人性化管理体系建设

单位应从管理人性化的角度出发，加强对单位离职管理体系的建设。第一，要加强对离职管理人员的专业培训，一方面改变其"硬度较高"的管理态度，树立人性化的管理服务理念；另一方面培养其专业化的离职管理服务能力，为单位人性化离职管理的实施奠定基础。第二，在管理内容方面，要增加对离职员工贴心服务的内容，比如建立离职员工心理咨询室等，从情感层面加强与离职员工的交流与沟通，在了解员工离职动因的同时，拉近与离职员工距离。第三，要在细节方面着手，改进离职管理的服务感觉，例如，可以在员工办理离职手续时为他们提供一杯热茶，或者在员工办完离职之后给他们赠送纪念册，等等，使员工在离职过程中感受到单位给予他的温暖。第四，要建立离职员工的简要档案，对员工工作过程中的主要业绩以及离职原因进行记录，并在离职人员再次应聘时向其敞开大门。

---

① 郑崇炜. 企业员工离职管理的作用及策略研究 [J]. 中国管理信息化,2016,19(19):100-101.

3. 建设离职管理预防体系

第一，做好单位的预防性体系建设，要在认识层面上明确预防性管理在单位离职管理中的重要作用，更要看到预防性管理能够在单位人力资源管理总体布局中能够发挥效能，在此基础上，通过学习其他单位的先进经验，确定单位预防性管理体系建设的主要内容。

第二，要从单位自身情况出发，合理构建单位离职管理预防体系，对于离职率较高的单位，应注重预防体系建设的整体厚度和覆盖面；而对于离职岗位较为突出的单位，应注重预防体系建设的信息获取与分析体系建设。

第三，要加强与单位其他管理部门的协调，预防性体系建设的目的在于通过离职管理的信息优势来及时发现和解决单位管理中存在的问题，减少单位人才流失。

离职管理是单位人力资源管理的重要组成部分，虽然其位于单位人力资源管理链条的末端，但却可以对单位人力资源的管理产生全面性的影响。为此，我们应针对存在的问题，通过加强单位离职管理的理念建设、人性化建设、系统建设和预防体系建设来加以解决，进而提高单位离职管理的水平，促进单位人力资源管理的新发展。

第十章 企业文化与员工关系营造

第一节 企业文化的建设与传播

一、人力资源企业文化：内涵、要素与魅力

(一)人力资源企业文化的重要性

在当今竞争激烈的商业世界中，企业犹如一艘在波涛汹涌的大海中航行的巨轮，而人力资源企业文化则是这艘巨轮的灵魂与导航仪，指引着企业前进的方向，凝聚着全体员工的力量。人力资源企业文化不仅仅是挂在墙上的标语、印在手册上的口号，还是深入企业骨髓、贯穿日常运营的精神纽带。

(二)人力资源企业文化的内涵

人力资源企业文化是企业在长期的人力资源管理实践中，经过岁月的沉淀、经验的累积，逐步形成的一套独特的价值观、行为准则、工作作风、企业精神、道德规范、发展目标和思想意识的综合体。它反映了企业的核心特质，是企业区别于其他组织的显著标志。

(三)人力资源企业文化的构成要素

从构成要素来看，人力资源企业文化涵盖多个关键层面。

1.价值观

价值观是企业文化的基石，如同灯塔照亮员工前行的道路，引导他们在工作中做出正确的抉择。无论是诚信、创新、团队合作还是客户至上，每一个价值观都是企业所倡导的行为指引，让员工明白什么是最重要的。

2. 行为准则

行为准则为员工日常工作提供了具体规范，从着装礼仪到沟通方式，从项目执行流程到问题解决机制，确保企业运营有条不紊，员工行为协调一致。

3. 团队合作精神

团队合作精神强调协同共进，在企业内部营造相互支持、协作沟通的良好氛围，让不同部门、不同岗位的员工为了共同目标携手奋进，攻克一个又一个难关。

4. 学习文化

学习文化注重知识的积累与传承，鼓励员工分享经验、持续学习，为企业注入源源不断的创新活力，使其能在瞬息万变的市场中紧跟时代步伐。

(四) 人力资源企业文化的魅力与意义

人力资源企业文化的构成要素相互交织、相互影响，共同塑造了人力资源企业文化的独特魅力。它能极大地提高企业的凝聚力，使员工产生强烈的归属感，进而培育出高度的忠诚度，不再将工作仅仅视为谋生手段，而是一份充满自豪与激情的事业。

同时，人力资源企业文化对企业的长远发展意义非凡，为战略目标的制定与实施提供坚实支撑，使企业在面对复杂多变的市场环境时，能够坚定方向、灵活应变。而且，优秀的人力资源企业文化还是企业形象的闪亮名片，向外界展示着企业的精神风貌与价值追求，吸引客户、合作伙伴以及优秀人才的目光，为企业赢得更多的发展机遇。[①]

二、建设：奠定基石，雕琢文化大厦

人力资源企业文化建设宛如雕琢一座宏伟壮丽的大厦，需从精准定位基石、精心搭建框架，到扎实落地生根，步步为营，环环相扣。

---

① 崔乃文. 数字信息化时代对企业人力资源经济师的影响分析 [J]. 企业改革与管理，2021(19):77-78.

(一) 精准定位：寻文化之核

精准定位是企业文化建设的启航点。企业需深入剖析自身特质，回顾发展历程中的关键节点、重大决策，从中提炼出支撑企业一路走来的精神内核；洞察当下的资源优势、竞争地位，明确与众不同之处。

行业风向亦是关键指引。关注前沿趋势、技术变革、市场需求波动，使企业文化顺应潮流，引领企业抢占先机。若身处科技飞速迭代的行业，创新驱动的文化基因不可或缺；在客户需求瞬息万变的领域，以客户为中心的理念要镌刻心间。

员工特性不容忽视，他们有着不同的地域渊源，带着不同的教育背景、职业经历、价值取向汇聚于此。通过问卷调查、深度访谈、团队活动观察等方式，了解员工内心渴望、工作动力源泉、职业发展愿景，让企业文化与员工同频共振，成为他们愿意为之拼搏的精神旗帜。例如，一家新兴的互联网创业公司，员工大多年轻有活力、富有创造力，追求工作的自主性与成就感。结合行业对创新速度的渴求，公司将"开放创新、自主奋进、共创卓越"定位为企业文化核心，为后续建设锚定方向。

(二) 系统构建：筑文化之基

系统构建是打造企业文化大厦的主体工程，围绕核心价值观、愿景、使命与行为准则精心雕琢。

核心价值观是企业文化的灵魂支柱，用简洁而有力的词汇精准概括。如诚信、担当、协作、进取等，每一个词背后都蕴含着企业对员工行为、团队协作、商业道德的深度期许，为企业行为划定底线，为员工追求树立标杆。

愿景宛如远方熠熠生辉的灯塔，描绘企业的未来理想蓝图，如成为行业领军者、打造全球影响力品牌、改变人们生活方式等，让员工明晰奋斗终极目标，心潮澎湃地朝着同一个方向破浪前行。

使命则是企业当下存在的意义与责任担当，如为客户创造非凡价值、推动行业进步、为社会增添福祉；它赋予员工日常工作深远内涵，使其深知点滴努力皆在为伟大使命添砖加瓦。

行为准则是通往文化大厦的楼梯与扶手，细化到日常工作各环节，从沟通话术、会议流程、项目执行细节到跨部门协作规范，确保员工一举一动皆有章可循，将抽象文化具象化，融入工作细微处。如一家制造型企业，秉持"精益制造、品质至上"理念，在行为准则中详细规定生产线上各工序操作标准、质量检测频次与方法，以及上下游工序协同要点，保障产品高品质输出。

（三）落地生根：践文化之行

落地生根是企业文化从蓝图变为现实的关键一跃，需借助培训赋能、制度护航、激励催化，让文化在企业土壤中茁壮成长。

培训赋能是文化启蒙的课堂。新员工入职培训开启文化之旅，通过讲述企业故事、解读文化内涵、剖析经典案例，让新人初入企业便沐浴文化光辉，心生认同；在职培训持续深化，融入文化理念的专业技能培训、领导力培训，让员工在提升能力同时，深化对文化的理解与运用，将文化智慧转化为工作锦囊。

制度护航是文化扎根的坚实保障，从招聘筛选与企业文化适配人才，到绩效考核中文化指标量化衡量，再到晋升通道为践行文化典范开辟绿色通道，用制度刚性确保文化柔性落地。薪酬福利体系亦能为文化助力，如设立文化奖励专项，表彰在团队协作、创新突破、客户服务等方面突出的员工，激励全员争先进取。

激励催化是文化繁荣的活力源泉。①物质激励立竿见影用奖金、奖品、股权期权授予犒赏为文化添彩员工。②精神激励持久暖心。例如，评选月度、季度、年度文化之星，在企业内刊、宣传栏、线上平台广而告之，分享他们的故事，让榜样力量带动全员奋进。③职业发展激励为员工拓宽成长路径。优先给予文化践行先锋培训深造、轮岗锻炼、项目负责机会，助力他们在企业舞台绽放光芒，吸引更多员工追随文化脚步，携手共创企业辉煌未来。

三、传播：扬起风帆，扩文化之域

当人力资源企业文化这座大厦初步建成，若要让其光芒四射，深入人心，精妙的传播之道不可或缺。巧用多元路径、妙施传播技巧，方能让文化如春风化雨润泽每一位员工的心田，让企业精神在组织内外蔚然成风。

（一）多元路径：拓传播之径

培训传导是文化传播的主航道。新员工入职培训宛如开启文化大门的钥匙，一场场精心设计的课程将企业价值观、发展历程、行为准则娓娓道来，为新人注入文化基因；在职培训则似持续的养分供给，专业技能培训中巧妙融入文化理念，让员工在提升业务能力的同时，深化对企业文化的认同，以文化智慧驾驭工作难题。

活动承载是文化传播的活力舞台。企业文化节盛大开启，文艺汇演、知识竞赛、技能比武等活动精彩纷呈，员工们在欢声笑语、你追我赶中感受文化魅力；团队建设活动如户外拓展、主题派对，拉近员工距离，强化协作默契，让团队精神落地生根；公益活动走进社区、迈向自然，员工以爱心传递企业担当，展现企业文化温度。

媒介辐射构建起文化传播的高速网络。企业内部刊物定期发行，一篇篇故事、案例、感悟，记录文化践行点滴；宣传栏遍布办公区域，图文并茂展示文化亮点、榜样风采；官网、社交媒体账号实时更新，向外界传递企业动态、文化精髓，吸引志同道合者的目光。

环境浸润营造出文化传播的无形磁场。办公空间精心布局，文化标语、励志海报装点墙面，于无声处激发员工斗志；休闲区域设置文化角，书籍、杂志、手工艺品诉说企业故事，供员工闲暇时品味；企业标识醒目呈现，办公用品、工装服饰统一风格，让员工时刻沉浸文化氛围，强化归属感。

（二）技巧赋能：增传播之效

故事诉说，让文化有血有肉。挖掘企业发展历程中的传奇篇章，如创业艰辛、突破困境、客户褒奖，将文化理念融入故事脉络，在员工培训、交流分享、新员工入职时讲述，用真实情感触动心灵，使抽象文化具象可感。

榜样引领，令文化行有方向。例如，评选月度、季度、年度文化标兵，从敬业爱岗、创新突破、团队协作等维度树立典范，在表彰大会、内部宣传中浓墨重彩展示，让员工对标先进，激发奋进力量，让文化践行成为风尚。

互动参与，使文化深入人心。以文化建设问卷调查广纳建议，让员工为文化发展建言献策；在线上文化论坛、线下交流沙龙，员工畅所欲言分享感悟、碰撞思想；开展文化创意征集活动，集众人智慧为文化添彩，让员工从被动接受转为主动传播。

创新驱动，保文化活力永驻。紧跟时代潮流。短视频、直播成为文化传播新利器，用轻松有趣形式展现企业日常、文化亮点；虚拟现实、增强现实技术，打造沉浸式文化体验，员工穿越时空感受企业历史底蕴；跨界合作，与艺术、体育、科技领域携手，为企业文化注入多元活力，吸引不同群体关注。

第二节　员工关系管理的理论与实践

人力资源作为组织的核心要素之一，其员工关系管理的质量直接关乎组织的兴衰成败。员工关系管理绝非简单的人事安排，它涵盖了员工从入职到离职全过程的互动与协调，涉及组织、管理者与员工之间复杂而微妙的联系。良好的员工关系宛如组织的润滑剂，能有效减少内耗，激发员工的积极性与创造力，进而提升整体绩效；反之，则可能导致士气低落、人才流失，使组织陷入困境。因此，深入探究员工关系管理的理论与实践，对于组织实现可持续发展具有举足轻重的意义。

员工关系管理的范畴广泛，既包含劳动关系、沟通协调、激励机制等硬性制度层面的内容，也涉及企业文化、团队建设、员工关怀等软性人文领域。从理论根源追溯，它汲取了管理学、心理学、社会学等多学科的智慧，随着时代发展不断演进，以适应组织与员工日益多元的需求。在实践中，不同行业、规模的组织结合自身特点，摸索出各具特色的管理模式，积累了丰富经验，同时面临着诸多挑战。本文旨在系统梳理员工关系管理的理论脉络，剖析典型实践案例，提炼关键策略与方法，为组织优化员工关系、提升管理效能提供有益参考，助力组织在风云变幻的市场浪潮中稳健前行。

一、理论基石：洞察员工关系管理的内涵

(一) 定义与范畴

从广义而言，员工关系管理是指在组织的人力资源架构内，各级管理人员协同人力资源专业人员，借助制定并施行各类人力资源政策、管理举措以及多样化的沟通渠道，对组织与员工、员工彼此之间的互动关联予以调控，以推动组织目标达成，同时为员工与社会创造价值。这涵盖了从宏观战略规划到微观日常事务处理的全方位内容，旨在构建和谐、高效的工作生态。

狭义上，员工关系管理聚焦于组织与员工间的沟通协调，侧重于运用柔性、激励性手段提升员工满意度，助力其他管理目标的落地。其核心职责在于理顺员工与管理者、员工相互之间的关系，营造积极奋进的工作氛围。

现代员工关系管理所涉及的要素颇为广泛，其中劳动关系管理作为基石，负责合同签订、纠纷化解等传统事务；法律问题及投诉处理确保组织运营合法合规；员工活动组织与协调、心理咨询服务等关注员工身心健康与社交需求；冲突管理、内部沟通管理致力于营造和谐人际环境；工作丰富化、晋升、奖惩、纪律管理等关乎员工职业发展与行为规范；辞退、裁员及临时解聘、合并及收购等特殊情境处理则考验管理智慧，力求在变革中保障员工权益、维护组织稳定。

(二) 核心理论精要

激励理论强调通过满足员工的内在与外在需求，激发其工作动力。马斯洛的需求层次理论将人的需求由低到高划分为生理、安全、社交、尊重和自我实现五个层次，启示管理者应依据员工所处需求阶段提供针对性激励，如为满足基本生理需求的员工提供稳定薪酬，为追求自我实现的员工给予探索性任务。赫兹伯格的双因素理论提出保健因素（如工作环境、薪资待遇等）只能消除员工不满，激励因素（如成就、认可、成长机会等）才能真正激发员工积极性，促使管理者在保障保健因素的基础上，着力挖掘激励因素。

公平理论着重探讨报酬分配的合理性对员工积极性的影响。美国学者

约翰·斯塔希·亚当斯指出，员工会将自己的付出与所得同他人进行比较，若感觉公平则维持原有工作状态，若感到不公平则可能产生消极情绪或改变行为。这要求组织建立透明、公正的绩效评估与薪酬体系，确保员工付出与回报成正比，避免因不公平感引发的内耗。

组织行为学理论为理解员工在组织中的行为规律提供了深刻洞见。其中，人性假设理论历经从"经济人""社会人"到"自我实现人""复杂人"的演变，提醒管理者依据员工不同特质调整管理策略，摒弃单纯的物质刺激，关注员工社交、自我成长需求。团队建设理论强调团队凝聚力、角色分工、沟通协作对绩效的关键作用，组织通过打造高效团队，能汇聚员工智慧，攻克复杂难题，提升整体效能。[①]

二、实践蓝图：雕琢卓越员工关系管理

(一) 沟通：搭建心桥

正式沟通渠道犹如组织的神经脉络，层级传递、部门协调、文件公告有条不紊。以定期的员工大会为例，它能汇聚各方信息，高层战略部署得以精准下达，基层心声亦有机会上达；部门例会聚焦工作细节，任务分配、进度把控、问题解决一气呵成；而文件与公告栏则如信息灯塔，政策更新、制度规范一目了然。

非正式沟通渠道宛如润滑剂，悄然滋养着组织氛围。茶水间的闲聊、工作之余的聚会，员工在此畅所欲言，压力释放，创意火花也不时闪现；线上社交群组更是打破时空界限，随时随地的交流让协作无间。

沟通技巧是开启心门的钥匙。倾听时专注投入，用眼神、点头等给予对方回应，不轻易打断，方能听出弦外之音；表达则力求清晰简洁，逻辑严谨，避免晦涩歧义；反馈及时且真诚，认可优点，建设性地指出不足，让交流形成闭环。

反馈机制是沟通的"回音壁"。匿名问卷调查可探知员工心底隐忧；定期面谈能深度剖析问题，规划发展路径；意见箱广纳建议，让每一个声音都有被听见的机会，确保沟通行之有效，员工紧密相连。

---

① 麦兴云. 信息化下人力资源经济师职业发展路径 [J]. 中国市场,2021(17):96-97.

（二）激励：点燃激情

物质激励仿若坚实基石。合理薪酬体系依岗位价值、市场行情、个人绩效精心雕琢，保障员工劳有所得；绩效奖金制度紧扣目标，量化考核，奖金及时落袋，激发拼搏动力；津贴福利细致入微，从餐补、交通补到健康关怀、休闲福利，全方位提升员工幸福感。

非物质激励恰似灵动清风。荣誉表彰大会上，星光闪耀，榜样力量激励众人；晋升机会开启职业新篇，赋予员工成长阶梯。

个性化激励方案精准锚定需求。年轻员工渴望成长，给予挑战性项目、导师引领；资深骨干追求突破，委以重任，资源倾斜；家庭导向者注重工作生活平衡，弹性安排、关怀备至，如此方能激发员工的无限潜能。

（三）培训与发展：助力成长

培训需求调研如精准把脉。问卷、访谈、观察多管齐下，深挖员工技能短板、知识盲区，洞察职业发展憧憬；结合组织战略方向，锚定关键提升领域，为培训筑牢根基。

培训计划订制似量体裁衣。新员工入职培训，文化融入、基础夯实，助其站稳脚跟；岗位技能进阶，专业深耕、难题攻克；管理才能培育，领导力、决策力、团队协同一并打磨，塑造卓越领航者。

培训方式多元若繁花绽放。线上课程便捷自主，随时随地快充知识；线下集训互动热烈，模拟实战、案例剖析入木三分；师徒传承匠心独运，经验接力、言传身教；行动学习直击问题，团队协作、知行合一。

职业发展路径规划像航海图。清晰晋升阶梯，明示成长方向，让员工逐梦有径；横向轮岗拓宽边界，解锁多元潜能；人才梯队建设前瞻布局，保障组织续航，为员工成长全程护航。

（四）团队建设：凝聚力量

团队活动策划是黏合剂。在户外拓展中，携手闯关、信任考验，铸就默契；主题派对、文化节庆，欢声笑语、情感升温；兴趣小组志同道合，交流切磋，让团队亲如一家。

团队文化塑造为灵魂。共同愿景感召人心，奋进方向一致；价值观引领行为，诚信、协作、创新扎根；仪式庆典铭刻记忆，归属感油然而生；开放包容氛围，多元思想碰撞，汇聚智慧洪流。

协作机制优化如精密齿轮。流程重塑简化复杂，信息畅流；职责界定清晰明确，避免推诿；沟通平台升级，无缝对接、实时响应，驱动团队高效运转。

（五）冲突管理：化解危机

冲突根源剖析乃破题之始。利益分配不均，蛋糕划分引发纷争；价值观碰撞，理念分歧暗流涌动；沟通不畅误解滋生，信息迷雾阻碍协作；角色模糊、权责不明，推诿扯皮滋生事端。

预防策略制定是未雨绸缪。公平分配机制多劳多得、透明公正；文化融合倡导理解包容；沟通培训赋能员工，精准表达；岗位说明书细化职责，边界清晰，防患于未然。

冲突处理流程为定海神针。及时介入，事态萌芽即掌控；客观调查，真相浮出水面；私密沟通，安抚情绪、探寻诉求；协商调解，求同存异、握手言和，让冲突化于无形。

调解技巧运用似春风化雨。中立公正立场不偏不倚，赢得双方信任；换位思考引导共情，冰释前嫌；妥协艺术寻共赢点，各退一步，海阔天空，守护团队和谐稳定。

三、挑战洞察与应对谋略

（一）多元挑战

职场多元化浪潮汹涌而来，不同年龄、性别、文化背景、价值观的员工汇聚一堂，犹如色彩斑斓却又复杂难调的拼图。年轻员工追求创新、弹性工作与快速晋升，偏好数字化沟通；年长员工经验深厚，更注重传统流程、稳定环境与面对面交流。性别差异带来工作风格与职业诉求分野，文化多元则在沟通风格、决策模式、时间观念上碰撞不断；价值观冲突亦时有发生，如个人成就与团队合作、竞争与协作的权衡，为员工关系管理增添变数。

远程办公模式虽拓展了工作边界，却也衍生诸多难题。沟通效率骤降，网络延迟、信息过载、非语言线索缺失，让误解频发；工作监督乏力，管理者难以及时洞察员工工作状态，自律性考验严峻；

员工心理健康问题在高压职场环境下日益凸显。工作节奏快、任务重、竞争激烈，焦虑、抑郁、职业倦怠等阴霾笼罩。据调查，近七成员工受压力困扰，失眠、疲劳、注意力不集中等症状频发，不仅损害个人身心健康，还导致工作效率滑坡、团队氛围压抑，为组织发展埋下隐患。

（二）破解之道

跨文化培训是化解职场多元冲突的良方。定制涵盖文化差异剖析、跨文化沟通技巧、多元价值观融合的培训课程，通过案例研讨、模拟演练、实地体验，助员工洞悉差异，提升沟通协作效能。组织多元文化活动，搭建交流互鉴平台，促进文化共融。

优化远程管理体系，为远程办公保驾护航。精选即时通信、项目管理、视频会议等工具，打造高效沟通协作平台；明晰远程工作规范、流程与考核标准，确保员工各司其职；定期线上团建、虚拟社交，重拾团队凝聚力；关注员工心理状态，提供心理援助，助力其平衡工作生活。

加强员工心理关怀，筑牢心理健康防线。设立心理咨询室、热线，引入专业服务；开展压力管理、情绪调节、心理韧性培训，赋能员工自我调适；优化工作设计，营造宽松氛围；倡导劳逸结合，组织文体活动，舒缓身心压力，让员工以饱满状态投入工作。

员工关系管理作为人力资源管理的核心领域，是理论与实践紧密交织的复杂艺术。从理论层面汲取激励、公平、组织行为等智慧，为实践提供方向指引；在实践中，通过沟通、激励、培训、团队建设、冲突管理等多元策略落地，雕琢卓越员工关系。无论是互联网企业的创新活力，还是传统制造企业的转型奋进，都彰显出适配自身的管理模式的力量。

然而，前行之路挑战重重，职场多元、远程办公、心理健康等问题纷至沓来。唯有持续洞察员工需求，灵活运用理论，创新实践方法，精准应对挑战，不断优化管理体系，才能铸就和谐、奋进的员工关系，为组织注入源源不断的发展动力，助力组织在波谲云诡的市场浪潮中乘风破浪。

第十一章 人力资源管理信息化建设与技术应用

第一节 信息技术在人力资源管理中的积极作用

"当前随着现代科学技术发展，网络信息技术进步，人类社会迈入大数据时代，大众日常生活、学习以及工作产生了极大的改变。"[①] 信息技术保证了人力资源的管理质量，同时也使得管理理念、管理模式更趋于现代化，这是由于信息技术的应用可以有效地突破人工管理模式的滞后性与局限性，加速了企业管理现代化的进程。信息技术在人力资源管理中应用的积极作用如下：

一、有利于降低管理成本

不可否认，信息技术在各个领域发挥着越来越重要的作用，不仅提升了管理质量，与之相应地，企业的管理成本也随之得到了有效控制。这是由于信息技术独特的数据分析、总结优势，能够为人力资源管理提供更多有参考性的信息，避免在人力资源管理中出现疏漏与失误。除此之外，人力资源效率与质量的提升，意味着能够以最少的人力投入获得更大的产出，这是企业良好经济效益实现的前提。除此之外，信息技术在人力资源管理中的应用，有效地提升了人力资源管理的透明度，能够利用信息技术优势将一些相关的招聘、晋升、管理政策及时公布，同时接受监督，有效地避免了暗箱操作，为企业更好地生存与发展争取更加广阔的空间。

总之，人力资源管理质量的优劣关系到企业可持续发展目标的实现。在信息化时代背景下，应用信息技术对人力资源管理过程进行优化，切实提升人力资源管理质量和效率已是大势所趋。除了应用先进的信息手段之外，还要积极转变人力资源的管理思路、优化人力资源管理制度，对困扰和阻碍

---

① 许旭. 大数据时代企业人力资源管理变革策略的分析 [J]. 老字号品牌营销,2022(6):156.

人力资源管理的因素进行改革和完善，不断创新人力资源管理路径，将人力资源管理的效用充分、高效地发挥出来，做好人力资源的储备、输出与利用，促进人力资源管理再上新台阶。

二、有利于提升管理效率

人力资源管理虽然具有一定的复杂性，但同时也具有一定的重复性特征。因为，人员的流动过程周而复始，每个阶段、不同时期都会产生大量的人力流动需求，相应的流程必须重复一遍，尤其是在人力资源管理中必然反复面临的人才储备、人才教育培训、分配、管理等程序，所以说人力资源管理的程序烦琐，而且工作量极大。同时，人力资源管理部门还与相关的人力使用部门、财务管理部门、后勤部门等往来密切，时常需要就某个数据或是问题进行反复的沟通、确认，过程十分烦琐，这就导致人力资源管理的日常工作量大，且容易由于人为的因素出现疏漏。在信息技术问世之前，人力资源管理在沟通环节，都是面对面地反复沟通、确认，以及就各项信息进行审批，导致过程十分长，人力资源部门的工作越积越多，效率得不到提升。而信息技术在人力资源管理中的应用，一方面使得沟通渠道变得十分便捷、畅通，利用平台或是软件可以实现实时沟通、确认，而且对于相关凭证的保存、利用更加高效，大大地节省了往来沟通、确认的时间；另一方面，在一些报表或是数据的汇总以及分析上，信息技术更是具有无可比拟的优势，通过人力资源管理系统的相关模块可以对各种报表以及数据进行批量化的管理和分析，显著地提升了人力资源管理的效率。

三、有利于提升管理质量

人力资源的管理是企业经营管理中的重要一环，也是一项系统性的工程，牵涉到人员的招聘、培训、入职、升职、离职、考核等多个环节，而每一个环节的变动必然延伸出大量的人力管理信息更新需求。在传统模式下，这些信息都是依靠人工更新。

信息技术在人力资源上的应用可以很好地避免这些不利因素，比如，在人力资源档案上的应用。人力档案管理工作烦琐，在传统管理模式下，都是通过人工收集、归纳、整理、存放，一旦有新入职人员或是人员岗位变迁、薪酬调整就需要重复既往流程。在这个过程中，如果更新不及时、操作不到位，极有可能导致人力档案的更新出现失误，严重影响人力资源信息的准确性。而利用信息技术进行人力档案管理，为人力档案资源的收集、整理、管理、利用开辟了新路径。利用信息技术，比如大数据技术建立起数字化的人力档案管理系统，能够很好地突破传统人工管理模式的封闭性与滞后性，不仅能够显著增强管理效果，而且可以在短时间内迅速提取各部门所需的人力资源信息，提高人力资源档案的利用率，提升人力资源档案管理的成效，使人力资源的档案管理更加优质与高效。人力资源信息化管理系统的应用，能够将企业内人员流动、管理、升迁等各个过程、各个环节的变化进行精准跟踪与定位，不仅能避免传统人工管理模式下容易出现的错漏问题，以及暗箱操作问题，同时还能够显著地提升人力资源管理的质量。

第二节　信息化在人力资源开发中的作用

一、人力资源管理和信息化的联系

人力资源管理是贯彻以人为本的理念，将雇佣关系中产生的关系通过信息化管理，转化成系统化的管理；贯彻信息化理念，为其注入新的科技创新能力，将企业中的工作以最为便捷化的方式进行处理。其中，要利用人力资源管理为企业的价值做出最有力的指导。人力资源管理是企业管理中的中心环节，需要管理的工作业务繁多，利用信息化的管理能够便捷工作的作业方式，将企业的管理变得更加系统且完善。将人力资源管理与信息化结合，能够使人力资源管理水平进一步提升，不再拘泥于传统的管理方式，开发出更加高效的工作模式，将工作运转方式提升到一个新的层级。

现在我国的经济正处于快速发展中，信息化进程的加快，使人力资源管理充分利用信息化来高效工作，辅助企业完成多项任务，加快企业高速发展，并提升创新能力，加强企业在市场中的竞争优势。人力资源管理利用信息化的进程，进入新时期，要顺应新时期下的经济发展需求，将企业中繁重的工作任务从日常工作中脱离出来。而信息化将传统的人力资源管理碎片化的工作运营模式，转变成了系统且完善的工作运营模式，实现员工的信息整合，将人力资源管理能力提升至新的高度，加快了企业的发展。

二、人力资源管理信息化含义

人力资源管理信息化是指利用先进的计算机技术，将信息进行集合管理，使得员工参与进信息化管理服务中去，将信息库和员工的工作日常进行联系。另外，公司的运作方式实现高效率运营，加速了员工和企业的联系，实现人力资源管理的便捷化。信息化时代的来临，无疑减轻了人力资源管理的负担，并且提升了人力资源管理水平。

人力资源管理进入信息化的几项要求：需要革新以往的传统运营方式，除了对人事的工作需要重视以外，也需要对公司其他方面的工作加大关注力度，如加强和各部门之间的联系沟通；通过信息化的建设降低工作中的运营成本；对技术层面的工作进行革新，促进人力资源管理能力的提升，以此来为企业做出最优化的管理设计。

三、信息化对人力资源开发的促进作用

信息化对人力资源将起到积极的促进作用，成为劳动力素质提升的途径与保障。

第一，促进知识和技术的传播，提升了人力资源的素质。信息化的发展推动了网络基础设施的建设，也促进了培训自动化和远程教育的建设，加速了知识和技术的传播速度。信息化手段的实施使员工可通过图、文、视频等更加生动、形象的方式学习新的知识和技术，自身素质不断得到提高。

第二，开拓了信息传播渠道，实现了人力资源信息共享。随着信息技术的发展，手机、互联网等一系列现代化沟通的手段缩短了城乡的时空差距，逐步实现人力资源的信息共享，使劳动者及时掌握外部信息和发展动向，应对新技术挑战和竞争，实现人力资源合理流动。完善的信息化网络，成为促进人力资源开发跨越式发展的主要手段。

第三，促进了人力资源的自我开发，提升了就业能力和竞争力。随着信息技术的发展，劳动力有更多的机会去发展自我的能力。他们可以通过互联网平台获得所需的知识信息，也可通过视频掌握相关的技术，甚至可以通过网络学习来提高自己的学历，增强了他们的就业能力，也获得了更多的

机会。

第四，增强了劳动力的活力和积极性，促进了就业和创业。信息化网络的建设，改变了员工的生活。信息化网络平台的建设促进了劳动力的合理流动，改变了以往盲目等待和跟风的局面。劳动力可以从网络平台获取信息技术和知识资源进行创业和就业，也可向外发布传播自身状况与特色优势，容易寻求施展空间，大大增强了劳动力就业创业的积极性。

第三节　人力资源管理数字化转型

人力资源数字化是企业数字化转型中的重要部分，是由表及里、由下至上的多层次变革。其核心价值在于盘活人力资源管理中的各项数据，重塑管理与业务流程，达成提升企业管理能效、优化员工工作体验的效果。基本定义上，人力资源数字化的主体为企业的人力资源部门，狭义上指在人力资源部门内部进行数字化转型，广义上则指将人力资源业务融入企业运行生态，与企业数字化转型形成交互配合。在实施流程中，人力资源数字化往往通过云与人工智能等技术对底层数据进行分析预测，进而赋能企业决策，并在文化层面培养员工的数字化心智，形成数字化管理的文化氛围。

一、人力资源管理数字化转型的意义

人力资源管理不仅是企业管理体系的核心功能，也是获得持续竞争力的关键所在，还是企业数字化转型的重要基石。人力资源管理数字化转型应该结合企业自身的现实基础，充分利用基本要素并依据基本逻辑来确定合适的转型模式和实施路径，如此才能为企业系统性变革提供有力支持。

面对新的时代要求，推动数字化转型已经成为企业经营管理活动的重要内容。数字化转型不仅强调运用数字化的工具、技术和手段来提升企业的运营效率和效益，如利用人工智能、大数据、云计算、区块链和5G等数字技术来对企业内外的核心要素、关键环节实现数字管理，还注重推动技术、人才、资本等资源配置优化来实现组织内部的系统性变革，如加速业务流程、生产方式的重组来达到提升企业竞争力的目的，以及创造出新的数字场

景、价值增值来服务持续发展。

在数字化转型的过程中，企业会根据自身基础、发展基础、技术储备、战略意图等围绕不同的功能和业务来采取不同的模式和路径推动其转型，并形成各种不同的形式和内容。其中，人力资源不仅是企业持续成长与发展的核心要素，也是获得竞争力的关键所在。人力资源管理数字化转型是通过充分发挥数字技术和数字系统的优势来探索和改变人力资源管理模式，进而实现革新发展理念、创新操作工具、优化业务流程、赋能运营管理、创造价值增值和提升整体效能，以增强企业竞争力的整体性变革活动。推动人力资源管理数字化转型是企业应对客观环境变化的必然选择，也是企业实施数字化转型的重要基石，可以促进企业内部战略、结构、职能和流程等进行全方位、立体化的变革，有助于企业在市场竞争中取得竞争优势。伴随着数字化转型的深入推进，人力资源管理活动在数字技术的加持下会改变传统的运作模式。

二、人力资源管理数字化转型的要素

人力资源管理数字化转型是利用数字人才、数字工具、数字管理和数字场景等基本要素来对人力资源管理的各个方面进行全方位升级。其中，不仅需要对传统的发展思维、管理逻辑进行转型，还要调整组织结构，强化业务转型，形成新的运作方式、业务形态和管理模式，并构建出具有企业自身发展特征的数字化生态体系，如此才能为企业整体运营管理活动提供有力支撑。

(一)核心要素——数字人才

数字人才是人力资源管理数字化转型的核心要素，是指企业内部具有数字化意识、熟练掌握和使用新一代信息和通信技术、能够提供数字产品或服务的员工。与普通员工相比，数字人才除了具备从事人力资源管理活动的基本能力之外，还能熟练应用各种数字技术和工具。

数字人才在人力资源管理数字化转型中占据主导地位，会根据企业内外部环境的最新发展趋势和变化，将人力资源管理技能和专业化数字技术相结合，以数字化思维来管理、组织和推动人力资源管理相关业务的运营和变革。

(二) 重要基础——数字工具

数字工具是人力资源管理数字化转型的重要基础，也是人力资源大数据管理的核心所在，可以为人力资源管理的数字化和智能化提供强大的数据、技术、信息和平台等支撑。

数字工具的主要功能在于能够科学改进人力资源管理活动的操作手段、业务活动和工作流程。例如，利用远程办公系统等数字平台工具来消除传统意义上人力资源管理在时间、空间上的壁垒，实现员工事务线上处理，提高办事效率，提升员工体验，克服员工在时间和任务进程上不同步的阻碍，以确保各项管理活动高效开展。为了提高企业人力资源管理活动的效率和效益，一些科技公司也围绕人力资源管理的相关业务开发出各种操作性数字工具，如社保云、红海云等将数字思维贯穿人力资源管理的"选、用、育、评、留"等全过程，包括全面收集和挖掘涉及人力资源的相关数据，打造员工数据库，建立人才评定数据体系等。

(三) 现实基础——数字管理

数字时代的人力资源管理模式、流程和内容等都将发生深刻变革，更加强调充分运用大数据、人工智能和其他数据处理技术来获取、分析与人力资源管理相关的有价值数据来实现科技赋能，创造新的人力资源管理模式，实现人力资源管理的流程化、自动化和智能化以适应数字时代的现实需求。

人力资源数字管理是搭建数字化网络平台，使高度程序化与自动化的人力资源管理模式得以初步构建，在企业内部形成人力资源闭环管理模式并融入企业整体的数字化转型战略中。随后，通过加快人力资源管理数字化改造，加强人力资源数据应用的精细化管理，打造数字化系统，为企业发展提供有力的保障和支撑。完成对招聘、培训、考核、薪酬以及职业发展等人力资源管理活动内容的数字化处理，同时挖掘、搜集有价值的数字信息来"建库"。在企业内部打造"数字孪生员工"，利用数字技术来分析员工的日常行为和工作表现，精准预测员工的工作绩效，为企业发展提供各种所需人才，如此才能使得企业各项活动变得更加高效、快速，塑造出新的控制、协调和合作模式。

(四) 最终效果——数字场景

人力资源管理数字化转型的最终效果是搭建数字场景来更为直观地展示人力资源管理相关活动，促使部门之间的协同效率大幅度提升，帮助企业制定科学决策。数字场景以人力资源数据 (包括内部数据和外部数据) 为基础，研发监测分析模型，来描绘当前和有效预测未来人力资源管理面临的问题和挑战，促进人岗精准匹配，降低劳动力资源错配的一种运营管理模式。数字场景建设可以构建数字化人力资源生态系统，利用智能化数据分析来绘制多维度员工画像，了解当前企业员工的行为、态度、情绪和供给等现状，使企业的工作界面、交流模式等得以创新，为组织和个人提供智能化、人性化和定制化的人力资源服务产品。在此基础上，企业各部门的团队协作也会拥有数字化特征。例如，通过数字平台、应用以及服务方式的改变来提升员工体验，为业务发展提供实质性的帮助以实现降本增效。

总体来看，我国企业的人力资源管理数字化转型处于起步阶段，未来仍有很大发展空间，蕴藏着巨大的潜力与价值，是企业实现持续发展的一项重要内容。加速人力资源管理数字化转型进程，可以充分发挥云计算、大数据、人工智能、移动化和 5G 等数字技术和数字系统的优势来促进人力资源管理活动实现全方位、立体化和整体性变革，包括建立业务生态、推动企业变革、创造价值增值等，为企业内部进行战略、结构、职能、流程等方面的数字化转型提供有力支撑，持续创新其形态和运用场景，有助于企业在市场竞争中取得竞争优势。

三、人力资源管理数字化转型的实施措施

(一) 评估转型的现实基础

在开展数字化转型之前，企业首先需要清晰地认识当前人力资源管理功能和业务的现实基础并开展内部评估，探究数字化转型的潜在模式和实施路径。

企业需要认真研判自身的需求、资源和能力，包括基础设施以及数字

化能力、运营管理能力以及员工所具备的技能等。在此基础上，进一步去思考自身的数字化发展理念，判断数字化转型工作是依靠自身还是对外合作，哪些能力可以由内部构建，哪些能力通过合作伙伴或其他方式获取，以及需要在组织结构上进行何种变革，需要哪些技术创新，对业务流程和功能需要进行怎样的调整，以及建设数字化体系所需的人才、资金等。

(二) 制定企业数字化转型战略

企业一旦确定进行人力资源管理数字化转型来进行自我提升，首要任务就是要明确发展愿景，制订战略规划。随后，企业需要在理念统一、目标设定、路径选择、要素投入等方面进行统筹规划、顶层设计和系统推进，确定实施团队，构建符合数字化运行特点的组织结构和激励机制，从体制和机制层面来保障数字化转型变革获得成效。具体工作包括：主导推动数字化战略制定，实施行动计划以及时间进程等；重点认识在推动数字化转型后，企业的人力资源业务模式创新，可能存在的功能变革等；确定在数字化转型过程中需要投入的人、物、财、技术等关键要素，并推动后续的要素整合；加强对技术创新人才、数字化应用型人才、数字化转型管理型人才等的培养，进一步提升员工数字技能等。

(三) 加快企业数字化转型设施建设

搭建数字平台是企业实施人力资源管理数字化转型的重要内容，一般情况下可以通过两种方式来实现：一是直接采购外部成熟运作的数字平台，包括专业化服务软件等来赋能自身管理平台的数字化升级；二是完全依靠自身科技部门来自建数字平台，进一步汇聚内外部资源来推动资源汇聚以支撑数字化转型的各类变革。

无论采取何种方式，都要求企业必须能够形成"云基础设施＋云计算架构"，充分运用5G、物联网、云计算等数字技术，推动硬件设施的系统、接口、网络连接协议等向标准化升级，形成支撑数字化转型的基础底座，完成对设备、软件、数据采集和应用等的数字化改造，确保对设施数据的采集和传输，高效聚合、动态配置各类数据资源。

（四）实施业务数字平台的管理和运作

真正让人力资源管理数字化转型成为价值创造源泉的核心在于能够通过数字平台的管理和运作来提升内部活动的效率和效益，以及与外部市场进行有效对接。人力资源管理数字平台管理和运作的关键是针对人力资源业务数据进行统筹规划、统一存储和统一管理，搭建算法库、模型库和工具库等，并通过业务系统数据的弹性供给和按需共享，以各类数据融通支撑数据应用创新。具体而言，通过数字技术来收集数据并从中提炼、存储有效信息，建立人力资源数据库，以便进行后续的数据挖掘与分析。例如，针对每位员工建立个性化标签，包括工作状态、个人成长、学习培训情况等。随后，利用专业的数字技术对涉及人力资源的相关数据进行预测与评估，包括对人力资源配置水平、员工的竞争力水平、职业规划与培养、薪酬平均水平等方面进行测评，以便制定高效的战略决策。

（五）创造内部人力资源管理数字场景

实施人力资源管理数字化转型最重要的功能是能够利用可视化场景展示来实时了解企业内部人力资源管理活动的动态，及时发现潜在的风险点，并对未来一段时间的员工业绩和表现做出精准预测。具体而言，根据自身组织特性、业务流程特性，围绕业务场景和任务目标，应用数字化工具和手段对人力资源管理的运行状态进行实时跟踪、过程管控和动态优化，并以此作为数据化的核心驱动来对人力资源数据进行全面分析。例如，利用模型数据从招聘候选人面试、录用、转正、培训、考核再到晋升的全过程，为每个岗位、每位员工形成数字画像，并通过不断完善和更新来为各类数字化场景输出决策支撑，从而实现人员的科学管理和精确管理以服务经营活动的开展。

第四节　人力资源管理中人工智能技术应用

人工智能是研究、开发用于模拟、延伸和扩展人的智能的理论、方法、技术及应用系统的一门新的技术科学。人工智能亦称智械、机器智能，指由人制造出来的机器所表现出来的智能。通常人工智能是指通过普通计算机程序来呈现人类智能的技术。随着医学、神经科学、机器人学及统计学等科学的进步，有预测认为人类的很多职业会逐渐被人工智能取代。

一、人工智能与人力资源的关系

中国是人口大国，拥有巨大的人力资源存量，协调处理好人工智能时代的劳动就业关系，维持良好的社会稳定秩序，才能获得长久可持续的发展。在人工智能时代管理好人力资源的关键，就是能够正确理解人工智能与人力资源的关系。技术进步与劳动就业之间是一个此消彼长的动态过程，那么人工智能与人力资源之间就并非替代与被替代的"敌对关系"，而是一个动态适配、融合互补、和谐共生的"伙伴关系"。

(一) 动态适配

从个人层面来说，对人工智能技术及其智能化的完全接受需要一个过程。实际上，日常生活中的任何新兴技术都有一个从警惕到依赖的情绪过程。一个专注于创新适应性的研究团队发现，人们对一项新兴技术的态度大都包含期望、相遇、接受、适应、融合、认同等六个阶段。

当人们获知一项新技术，首先会去了解和估量其功能效果，并会预先形成某种期望和印象；当第一次在日常生活中遇见或使用这项技术时，大都抱着试一试的心态，如果与预期不符，甚至可能会出现抵制和拒绝；经过一段时间的试用以后，随着对技术特征和功能细节的越加熟悉，开始逐步接受；随后进入适应阶段，人们会调整自己，做出某些改变来适应新技术的要求，这个阶段也是人们对新技术萌生情感的阶段，有些人会很兴奋地向周围人诉说和展示新技术带来的不同体验；当新技术完全融入日常生活后，人们会产生强烈的情感依赖，并赋予它个性化和意义感，这便是融合阶段；最后是认同阶段，新技术带给人们的价值已经超越了实用功能本身，还附着有社交联系、社会认同等价值的情感工具，成为生活中不可割舍的一部分。简言之，人工智能融入人类工作和生活，既是人工智能的调试完善过程，也是人力资源的接受适应过程。

（二）融合互补

随着人工智能与大规模生产的深度融合，人工智能技术和智能机器人必然成为新型社会分工的重要组成部分。人力资源的劳动方式将从单一性向复合性、从体力劳动向智力劳动、从机械化操作向个性化问题解决等方向发展转变，而人工智能将替代完成原有的劳动工作，形成人机互补的融合发展局面。同时，人机融合不仅仅是分工上的互补，在组织决策层面，人机合作还能够突破组织边界、打通信息壁垒、充分利用智力资源，做出的决策更加准确和稳定。

人工智能与人力资源在空间、内容和技能上的融合互补，已经成为世界各国的普遍共识和发展方向。

（三）和谐共生

人类社会正在由以计算机互联网为核心的信息社会，迈向以人工智能为关键技术支撑的智能社会。智能社会不只是一个简单的人工制造机器、控制机器的时代，而是一个由人工智能发展而构建起来的新社会形态，也是一个包含人机协同、人机结合、人机混合等多种人机关系的共生时代。人机和谐共生既能够促进自然、经济、社会与人的和谐发展，也能促使人工智能与人力资源的生产合作。当然，和谐的共生关系不只合作，也包括竞争。因此未来智能社会的竞争，不只是人类劳动者之间的竞争，同时还有劳动者与智能机器之间的竞争，在竞争中合作，在合作中竞争，达到人机共处的动态平衡。未来的人机关系是"共生"。

二、人工智能对人力资源管理的影响

（一）替代影响

"人工智能技术在生产生活各个领域广泛应用，对劳动力市场造成一定冲击。"[①] 因此，人工智能对人力资源管理的替代影响如下：

---

① 王林辉，胡晟明，董直庆. 人工智能技术、任务属性与职业可替代风险：来自微观层面的经验证据 [J]. 管理世界，2022,38(7):60.

1.劳动力替代

人们普遍认为，技术是经济进步与增长的主要原因，但技术变革也常常引起人们被新技术手段取代的担忧，即引发人们对被人工智能机器取代而导致失业的恐慌。

从理论逻辑上讲，人工智能必将打破现有的劳动力市场结构，但实际上由于环境不断变化，人工智能带来的技术进步在短期内会减少就业，但长期来看也会增加就业。事物发展具有利弊两面性，人工智能对劳动力的影响需要辩证看待，短期内人工智能驱动下的自动化技术的确会降低劳动力需求，对劳动参与、工资报酬等产生负面影响，但从长远来看，由于低端繁杂的劳动任务被大量解放，劳动力市场也会催生出新的就业岗位。

2.组织管理替代

环境变化是组织管理模式变化的动力。人工智能时代组织内外部环境日趋多变、复杂和紧张，企业的经营与管理也将随业务模式改变而悄然改变。内部而言，当组织管理的主要构成变成了与人相近的"智能"，传统以"人"为核心的组织价值观、业务分工、生产合作方式将受到严峻考验。一方面，层级组织模式将被开放式的组织模式替代。以科层制为代表的层级组织模式在传统的组织管理中具有重要的影响作用，但新的社会生产环境对信息传递方式、人才雇佣与协作模式提出了新的要求。个体与组织间的层级关系会转变为"联盟"关系，层次式的信息结构转为网络式信息结构。个体与组织之间也不再是层级从属关系，而是合作且平等的网络关系。

大数据分析、智能化、云计算等技术的引入，极大地简化了日常行政工作，组织的人才管理工作效率和工作精准度能够大幅提升。尤其在人才甄选领域，人工智能通过情景化、游戏化等测评技术，在降低面试主观偏差、减少应聘歧视、搜寻匹配候选人等方面已经表现出突出的优势。但实际上更为核心的是，人才管理关注的重点不应再是事无巨细的"规则"，而应该是员工的"心智"。因为未来能够稳固维系人与组织联系的将从劳动契约变为心理契约，所以人才管理需要为组织创造新的价值，摆脱传统事务性工作，向更具创造性、更需理解力的工作转变，如塑造公平感、培养道德行为、营造互信氛围等。事实上，新时代的人力资源管理核心就是建立基于信任与尊重的新型劳动雇佣关系。

总之，人工智能一定会在某种程度上替代传统的组织与管理模式，人才管理部门应当积极尝试在不同的工作环节引入人工智能技术，并逐步提高其运用的频率和强度，尽早适应时代的发展趋势。

3. 职业替代

现代社会的职业分类是建立在社会分工基础上的。人工智能带来的一系列技术革新正在颠覆固有的社会分工方式，人工智能技术较为成熟的应用主要集中于大数据分析、聊天机器人、机器视觉、自动驾驶等领域，因而类似计程车司机、资料输入人员、银行柜员、零售业店员、餐厅服务生等职业，被取代的概率高达 99%；而需要创意或高度沟通技巧的职业，如医师、教师、作家、导游、律师等被取代的概率则低很多。

总体而言，大多数可能被人工智能取代的职业都是单调的、重复性的、机械呆板的、规则流程式的职业。相反，人类与生俱来的创意性、人际性、灵活敏捷性和直觉决策性，与人工智能相比仍具优势。

4. 任务替代

对于当前人工智能引发的劳动替代，还存在另外一种观点，即人工智能替代的只是各职业中的一部分任务，而不是整个职业。无论未来是否会替代整个职业，人工智能目前已经在各个行业的具体场景中代替人类执行不同的任务。

人工智能所取代的劳动任务具有经济、技术和安全三个方面的特点：一是劳动成本较高的任务，运用人工智能替代人类能够获得更优的经济效益；二是劳动强度超出人类生理极限的任务，运用人工智能能够延伸人类的劳动能力；三是劳动风险较高的任务，运用人工智能替代人类能够保障人身安全。

5. 技能替代

人类的认知模式在人工智能时代也会发生变化。就个体而言，在人工智能时代拥有创意、社交等软技能比拥有硬技术更具有职场价值。社会生产环境的变化本身就会催生工作技能的革命。由于人类存在主观能动性与认知可塑性，人工智能带来的技能替代并非对人类价值的否定。相反，如历次技能革命一样，应视其为新生的机会。前述可见，人工智能尚不完美，还需要进一步向人类的天性智慧学习进化。而人类也应把握好被人工智能解放出来的精力和时间，发挥自身优势，弥补人工智能的技能不足，人机合作方能共同推动社会的全面发展进步。

（二）积极影响

1. 提升人力资源管理的质量

（1）提高招聘的准确性。招聘是人力资源管理过程中的第一环节，也是人力资源管理过程中必不可少的一环，密切关系到企业未来的生存与发展。以大数据和云计算为基础的人工智能，可以涵盖大量的人才信息，能很好地解决企业人才需求与市场上人才供给之间的移位问题。在简历的筛选上，人工智能依托其计算功能，科学地进行简历的筛选。无论是筛选速度还是筛选的简历与岗位的匹配度，人工智能都无疑远超人类。同时人工智能不受时间、地域的限制，能够同时对不同的候选人进行结构化面试，大大减轻了HR 的工作负担。可见，人工智能有效地提高了招聘工作的效率及准确性。

（2）提高培训的有效性。教育培训是人力资本投资的根本途径，员工培训是实现人力资本增值的重要手段。人工智能可以提高培训的有效性。人工智能还可以提供给学习者个性化的反馈，提高其学习效率。人工智能中的大数据与预测功能，能根据企业所需，制定更完善的培训体系，同时可以通过AR 模拟学习场景，以提高受训者的学习效果。

（3）提高绩效管理的规范性。绩效管理是人力资源管理活动中的一大难点。基于人工智能的专家系统可从用户方获取知识，建立自身的知识库与数据库，从而使绩效考核指标更加数据化和与实际情况更加匹配，克服考核中主观评价的随意性，避免绩效考核中的"人情分"，使考核结果更精确、更有说服力与可比性。

（4）提高薪酬制度的合理性。企业薪酬制度涉及企业各利益相关方的切身利益，薪酬制度的合理与否在很大程度上影响着员工的绩效表现和工作满意度。基于大数据的人工智能在薪酬设计原则（外部竞争性、内部公平性和激励）的指引下，可涵盖大量同等职位的薪资水平，充分回应包括城市的GDP 及消费水平等因素，使得薪酬制度能够有效平衡市场行业薪酬数据和企业管理实际需要两个方面的问题。人工智能利用这些数据，通过建立数学模型分析薪酬与职位等级的相关性，从而更合理设置企业薪酬等级和薪资标准；同时，通过更科学的数据比对和计算，能够真正实现薪资的公平性，从根本上解决目前同工不同酬的问题。

2. 推动人力资源管理的变革

（1）促进劳动关系和谐。建立和谐劳动关系是近年来学界和管理实践中的一个热点话题。人工智能的引入，可以对可能出现的劳动纠纷进行有效预警，并对已经发生的纠纷进行系统全面的分析，推动企业建立起更加科学完善的劳动用工管理制度，对员工的权利和义务进行更明确的规定，从而减少劳动纠纷的发生，进而使企业专于战略发展的核心业务。

（2）解放人力资源管理者。不少企业的人力资源管理者为应对烦琐的日常性人力资源管理工作，不得不花费大量时间去处理事务性工作，而忽略人力资源开发以及人力资源战略管理。人工智能的应用，能提高人力资源部门的工作效率，将其从事务性工作中解脱出来，使其有更多的时间去深层次思考和实施人力资源开发工作。同时，人工智能的应用，也为人力资源开发提供了更为先进的方法和手段，有利于实现人力资源的精准开发、实时开发、有效开发，从而充分挖掘员工的潜能，调动员工工作积极性，为企业培养开发所需要的各类人才。因此，人工智能的有效使用，可以推动人力资源管理者从事更加有效的工作。

（3）提升战略人力资源管理能力。虽然战略人力资源管理在学术界研究得比较广泛，但真正重视和实施战略人力资源管理的企业并不多，特别是一些中小型企业，仍然是将其主要精力放在传统的人力资源管理几大模块的相关工作之上。这主要是由于战略的制定实施与人力资源管理的契合度不高。人工智能的应用，将使整个企业的生产经营运作围绕企业战略目标进行，通过实时化分析数据和智能化指挥中心，能使人力资源管理的各项工作紧密围绕企业战略开展；人力资源管理者将把更多的精力投入战略人力资源管理中，使人力资源管理更好地为业务服务、为客户服务、为战略服务，也使得战略人力资源管理不是一句空话，而是真正落到实处。

三、人力资源管理中人工智能的应用策略

（一）推动人力资源管理变革

1. 推进数字化人力资源管理

人力资源引入人工智能，带来了颠覆性的影响。因此，推进数字化人

力资源管理进程将成为人力资源部门的重要工作，数字化产品的广泛应用则是人力资源发展的大趋势。

自人工智能被写入政府工作报告以来，人工智能已经成为新一轮科技革命。未来，低端重复性岗位将被替代，经济结构的转型会带来人才的结构性短缺，知识型高技能人才和服务型人才缺口即将增大。企业不仅需要技术型人才，还需要会运用相关技术且在领导能力、沟通能力、管理能力方面突出的人才，人力资源管理者应该做更多判断性的工作。

社会的用工需求趋于多样化，进而导致人才的流动性加大，结构性失业会更加明显，招聘市场将充分与技术相结合，才能解决雇佣意愿下降的问题。人力资源管理也必将与技术融合，逐渐从那些技术含量低的、费时费力的事务性工作中解放出来，这一切有赖于人力资源管理数字化系统的有效搭建。人工智能的发展不会因人们的恐惧而停止发展，人力资源管理从业者应当拥抱科技，不断发展、改良"人工智能+HR"模式，使用集成云平台代替原有的系统，打造具有时代特色的人力资源管理，创造出新时代下人力资源科技的发展路程。

2. 提升人力资源管理核心技术能力

中国经济处于转型发展中，人力资源管理行业也在经历前所未有的变革和发展。这就要求人力资源管理者不但要提高自身的专业性，而且还要打造专业核心技术能力，开发适合自身发展的长期的人力资源技术性策略。只有具备高水平专业素质的HR才能应对人工智能的冲击，才能在人力资源管理体系设计中，打造人力资源队伍的核心竞争力和不可替代性，以应对日益激烈的行业竞争。

(二) 推动就业的转型

1. 提高劳动力技能，注重专业人才培养

人工智能确会代替低端劳动力，但企业对高技能人才的需求会增强。未来，为企业员工带来失业威胁的不仅仅是机器人，最重要的是由于企业员工缺乏核心竞争优势，而面临被淘汰的危险。所以劳动力素质的升级是解决就业压力的重点突破方向。剩余劳动力需要提高自身的知识技能，提高竞争能力和适应能力，顺应时代的发展。

（1）加强有针对性的职业教育，注重人工智能等新兴技术和相关知识的培训，为企业定向输送人工智能方面的专用型人才，在解决就业压力的同时满足企业对专业人才的需求。

（2）对低端劳动人口进行继续教育，提高其学历与队伍的整体素质，同时能对专业技术型人员的知识技能进行更新与补充，做好人力资源开发，激发人的潜在能力。

（3）高校要注重应用型人才的培养，结合产业发展方向来设立新兴专业。

2. 促进产业转型升级，创造就业机会

当下我国正在以创新驱动发展，通过供给侧结构性改革来进行产业和消费的升级。一方面，要加快人工智能融入现有产业，促进产业的转型升级，以创造更多优质岗位，解决就业压力。另一方面，要顺应大众创业、万众创新的新时代号召，充分利用人工智能去创造、开发前所未有的行业，在实现自主就业的同时去带动新就业，增加就业机会。

加强素质教育，采用更个性化的方式培养人才，要注重学生的全面发展，同时培养其创新思维和能力。政府应降低创业的门槛，与企业合作，以众筹的方式为创业者提供资金的支持，从根本上解决创新力不足的问题，从而缓解因人工智能的应用而带来的就业压力。

3. 发展第三产业，增加就业机会

当人工智能代替人类去做那些费时费力的重复性工作和高危工作时，人们自然就会多出闲暇的时间，在娱乐、休闲等方面的需求会增多；同时，个性化的需求会越来越多，人们对于服务的内容和方式要求也会越来越多。因此，可以大力发展科技、文化、旅游、娱乐、餐饮、康养等第三产业，积极发展绿色经济、数字经济、创意经济，增加就业机会，解决因人工智能的运用带来的人力资源相对过剩的问题。

第十二章 人力资源开发管理前沿展望

第一节 数字化浪潮下的人力资源变革

一、数字化浪潮: 席卷而来的变革力量

(一) 数字化浪潮对社会的广泛影响

数字化浪潮正以排山倒海之势, 以前所未有的速度和广度, 全面席卷并深刻重塑着整个社会的运行模式, 对人们的生活、工作以及社会的各个层面都产生了极为深远的影响。当清晨的第一缕阳光洒下, 数字化设备便依据个人的健康监测数据, 为其提供个性化的健康调养建议。在出行途中, 借助智能导航系统, 人们能够获取精准的路线规划, 轻松预订合适的出行工具。步入工作场景, 通过先进的数字化协作平台, 工作人员可实现高效的远程协同办公。而在闲暇时光, 丰富多元的数字文化资源让人们尽情享受数字化带来的便捷与乐趣。

(二) 推动数字化浪潮的前沿技术

势不可挡的数字化浪潮背后是一系列前沿技术的蓬勃发展。大数据宛如一座蕴藏着无尽宝藏的巨大矿山, 海量的数据信息被持续收集、存储。每一条数据都如同一个微小却关键的拼图碎片, 经过深度挖掘与分析, 便能拼凑出涵盖业务需求、服务对象偏好等全方位的清晰图景。云计算恰似一片广袤无垠且极具灵活性的虚拟算力天地, 为各类组织和个人提供了随时按需取用的强大计算资源。无论多么复杂的运算任务, 都能在这片虚拟空间中高效完成, 彻底摆脱了传统本地硬件设施的限制。人工智能则宛如一个智慧无穷的超级大脑, 凭借机器学习、深度学习等先进技术, 赋予机器模拟人类思维与学习新知识的卓越能力。它能够在瞬间处理海量信息, 轻松完成诸如智

能咨询服务、精准业务推荐等复杂工作。物联网则像一张无形却又紧密相连的庞大网络，将世间万物巧妙地连接在一起。从日常办公设备到大型专业设施，所有物品都被赋予了"感知"与"交互"的能力，实现智能化的管理与调控。

（三）数字化浪潮对公共服务管理的变革

在肩负着重要使命的公共服务领域，人力资源作为推动各项工作顺利开展的核心力量之一，同样无法置身于这股数字化浪潮之外。随着数字化技术的持续深入渗透，公共服务管理正经历一场全方位、深层次的重大变革。传统的人员信息管理模式正逐步向数字化人才信息库转变，工作人员的各类信息能够实现快速检索与精准分析。在人才选拔环节，借助智能算法，能够从众多候选者中迅速筛选出与岗位高度匹配的潜在人才。在培训与发展方面，在线学习平台、虚拟仿真技术打破了时间与空间的限制，工作人员可以随时随地开启个性化的学习提升之旅。绩效管理也不再单纯依赖主观评价，通过实时数据追踪与客观量化指标，绩效评估更加公正、精准，有力地激励着工作人员不断成长进步。数字化浪潮为公共服务领域的变革注入了强大动力，开启了全新的发展篇章，推动公共服务管理朝着更加智能、高效、以人为本的方向大步迈进。[①]

二、传统人力资源管理的"困局"

（一）流程之困：烦琐与低效

在传统人力资源管理模式下，人才选拔流程常深陷烦琐低效的困境。发布人才招募信息时，需要在多种不同的渠道操作，如在特定的公告栏张贴、在各类专业刊物上刊登，不仅要花费大量时间逐一落实，还须支付一定的费用。之后，面对大量的报名材料，工作人员需人工逐份细致审阅，试图从众多材料中找出符合岗位要求的人选。这一过程极易受人为因素干扰，如审阅人员的精力分散、主观判断等，可能导致优秀人才被遗漏。进入面试阶段，要协调面试官与应聘者的时间，反复沟通确认，往往使得一个岗位

---

① 张月强. 数智技术引领人力资源管理变革 [J]. 企业家,2024(9):36-37.

的选拔周期拉长至数月；在急需人才时，却难以快速补充，影响工作的顺利推进。

培训环节同样存在诸多问题。传统培训多以线下集中授课为主，需提前预订场地、邀请授课专家、组织人员集中参训，筹备工作需耗费大量人力物力。而且，一旦出现突发状况，如专家临时有事、场地设备故障等，培训便难以顺利开展。对参与培训的人员而言，他们不得不放下手头工作，在特定时间、地点集中参加培训，这不仅可能影响正常业务进度，还因培训时间缺乏灵活性，造成他们无法全身心投入学习，培训效果大打折扣。

绩效评估也让管理者和工作人员都倍感困扰。每月或每季度末，工作人员需花费大量时间填写冗长的绩效自评表格，详细回顾各项工作细节；管理者则要在繁忙的业务工作之余，对每位下属的绩效进行打分、撰写评语。由于这一过程缺乏实时数据支持，多凭主观记忆和印象判断，造成评估结果不够客观公正。之后，还需组织面对面的绩效面谈，若沟通不畅，极易引发工作人员的不满与抵触情绪，使绩效评估无法达到激励成长、提升工作绩效的目的，反而可能激化内部矛盾。

(二) 数据之殇：沉睡与孤立

传统人力资源管理在数据收集与存储方面，主要依靠手工记录和纸质文档。人员的基本信息、出勤记录、培训经历、绩效评估结果等数据分散在各个部门的文件柜或办公电脑的不同文件夹中，犹如一盘散沙。当需要查询某一人员的完整信息时，人力资源工作人员不得不奔波于各个部门之间，花费大量时间查找、核对，效率极为低下。而且，这些纸质数据容易出现丢失、损坏、篡改等问题，数据的准确性和完整性难以保证。

数据分析环节更是薄弱。由于数据分散、格式不统一，进行综合分析难度极大。人力资源部门往往只能进行简单的数据统计，如人员总数、各部门人员分布、平均绩效得分等表面层次的分析，无法深入挖掘数据背后隐藏的规律和趋势。例如，难以通过数据分析精准预测人员的离职倾向，提前采取应对措施；也无法根据人员的培训需求与绩效提升的关联，优化培训体系，为组织战略决策提供有力的数据支持。

各模块数据之间相互孤立，缺乏有效关联与整合。人才选拔模块的数据无法实时共享给培训模块，导致新人员入职后，培训部门不能依据其选拔时的技能测评结果制订个性化的培训计划；绩效数据与激励模块衔接不畅，使得绩效提升无法及时在激励措施上得到体现，人员的工作积极性受挫。这种数据的孤立状态，严重制约了人力资源管理的整体效能，使其在面对复杂多变的环境时，难以快速做出精准决策。

（三）视野之狭：局部与短视

传统人力资源管理常常将目光局限于内部日常事务的处理，如人员考勤管理、薪资核算发放、人事档案维护等。每天，人力资源工作人员忙于这些琐碎且重复性的工作，如同在狭小的空间内埋头劳作，却忽略了外部环境的变化。

从行业发展趋势来看，随着社会的快速发展，新的理念、技术不断涌现，一些传统业务面临着变革的挑战。而人力资源部门若未能及时察觉这些变化，依然按照旧有的人才标准、培训体系开展工作，组织将难以在行业变革中占据优势。例如，在数字化加速推进的当下，数据分析、信息化管理等方面的人才需求增加；若还在大量招募传统业务型人才，忽视对新兴技术人才的储备与培养，很快就会在业务创新上落后。

人才市场动态也是传统人力资源管理容易忽视的方面。人才的流动趋势、薪酬期望、技能偏好等因素不断变化。在某些热门领域，人才供不应求，薪酬上涨；若不了解这些情况，制定的薪酬福利方案缺乏吸引力，招募信息就难以吸引到合适人才。相反，在一些面临转型的领域，人才供过于求，本可趁机吸纳优质人才，优化人才结构，但因对市场动态关注不足，错失机会。

传统人力资源管理与组织战略协同不足。组织战略规划决定了未来的发展方向、业务布局，需要人力资源部门紧密配合，提供相应的人才保障。然而，现实中许多人力资源部门在制订工作计划、规划人才发展路径时，未能充分结合组织战略目标，导致人才储备与业务需求脱节。比如，组织计划开展一项新的重大项目，急需具备特定专业技能和项目管理经验的人才，但人力资源部门却未提前规划，等到项目启动时，才匆忙进行招募，延误了项目的最佳启动时机，使组织在竞争中处于被动地位。

三、数字化赋能：开启人力资源新篇

（一）智能招聘：精准匹配，广纳贤才

数字化招聘工具犹如一位精准高效的"人才猎手"，依托大数据与人工智能技术，能对海量的报名资料进行快速筛选。以往，工作人员面对堆积如山的报名材料，常常需花费数天甚至数周，逐字逐句查阅，试图从中找出符合岗位要求的候选人，却难免因疲劳、主观偏见等因素遗漏潜在人才。如今，智能招聘系统借助自然语言处理技术，迅速解析报名材料文本，精准提取候选人的学历、工作经历、技能专长等关键信息，并与预设的岗位需求进行智能匹配。例如，某研究机构招聘课题研究员岗位，系统能瞬间从数千份报名材料中筛选出具备相关专业深厚理论基础、科研项目经验丰富的候选人，推荐给招聘团队，大大缩短了招聘前期的筛选时间，将原本可能需要数周的材料初筛过程缩短至数小时甚至更短。

这些工具还具备强大的多渠道整合能力，如同一张紧密交织的大网，将官方网站招聘页面、各类专业人才平台、行业交流社群等多个招聘渠道的信息汇总在一起。候选人无论在哪个渠道提交报名信息，其资料都能迅速被抓取至统一的人才库中，避免了因信息分散在不同平台而导致的遗漏。而且，系统会根据各渠道的特点和流量数据，智能优化招聘信息的投放策略，提高招聘信息的曝光度，吸引更多潜在人才关注。例如，针对专注于学术研究且活跃于专业论坛的人才群体，系统会重点在相关学术论坛、专业学术交流平台推送招聘信息，精准触达目标人群。

智能面试更是打破了传统面试的时空限制，为招聘双方带来极大便利。视频面试借助高清摄像头与稳定的网络传输技术，让候选人无须长途奔波，在家或办公室就能与面试官"面对面"交流，降低了双方的时间成本与经济成本。一些先进的智能面试系统还融入了语音识别、情绪分析等功能，面试官可以通过系统对候选人回答问题的语速、语调、用词，以及面部表情、肢体语言等细微之处的分析，更全面地了解候选人的性格特点、沟通能力、应变能力等综合素质。例如，当候选人在回答问题时眼神闪烁、语气犹豫，系统可能会提示面试官进一步追问相关细节，挖掘候选人潜在的问题，确保招

聘决策更加科学、精准。

（二）培训升级：个性定制，成长加速

线上学习平台的出现，为成员开启了一扇随时随地学习的便捷之门。无论是清晨通勤途中，还是夜晚在家休息时，只要成员拥有一部智能手机或平板电脑，连接网络，就能登录平台，开启知识学习之旅。平台上汇聚了丰富多样的课程资源，涵盖专业技能提升、行业前沿知识、综合素养培养等各个领域，以视频、音频、图文等多种形式呈现，满足不同成员的学习偏好。例如，对于视觉型学习者，他们可以选择观看生动形象的视频课程；而对于喜欢阅读的成员，则可以深入研读专业的电子书籍、文档资料。

借助人工智能技术，培训系统能够根据成员的岗位信息、过往培训记录、绩效评估结果等数据，为其量身定制个性化的培训计划，就如同一位贴心的私人学习顾问，精准洞察成员的成长需求。比如，一位从事政策研究工作的成员，在绩效评估中显示其数据分析能力有待提升，系统便会自动推送如数据分析方法与应用、统计软件操作技巧等相关课程，并制定合理的学习进度安排，引导成员逐步提升专业技能。而且，随着成员学习过程的推进，系统会实时跟踪学习进度，根据学习情况动态调整后续课程推荐，确保培训计划始终贴合成员的实际需求。

虚拟培训场景则利用虚拟现实（VR）、增强现实（AR）技术，为成员创造出身临其境的学习体验。在一些特殊领域，如应急救援、文物修复等，新成员可以通过VR模拟培训系统，在虚拟的工作环境中反复练习操作复杂的设备、应对突发的紧急情况，熟悉操作流程与应急处理方法，却无须承担实际操作中的风险。在文化传承领域，相关人员可以借助VR技术进入虚拟的历史场景，深入了解文物的历史背景、制作工艺，进行模拟修复操作，提升修复技能。这种沉浸式的培训方式，极大地提高了培训效果，让知识与技能更深刻地烙印在成员脑海中，缩短成员从新手到熟练人员的成长周期。

（三）绩效革新：动态可视，激励赋能

数字化绩效系统犹如一双时刻紧盯工作进展的"智慧之眼"，实时跟踪成员的工作动态。通过与办公软件、业务系统的深度集成，数字化绩效系统

能自动采集成员日常工作中的关键数据，如调研人员的调研样本数量、分析报告质量，项目执行人员的任务完成进度、成果转化情况等。这些数据不再是静态的数字，而是实时更新、动态呈现，让管理者与成员都能随时了解工作的推进情况。例如，一个文化活动策划团队在筹备大型活动时，项目负责人可以通过绩效系统实时查看每个成员的任务完成情况、创意贡献，及时发现项目中的潜在问题，提前调整资源分配或工作计划，确保活动顺利开展。

可视化的绩效报表将原本晦涩难懂的数据转化为直观清晰的图表、图形，让绩效情况一目了然。成员可以通过简洁明了的仪表盘，一眼看到自己在团队中的绩效排名、各项关键指标的完成度与趋势变化，清楚知晓自己的优势与不足。管理者也能从宏观层面把握团队整体绩效，对比不同部门、不同项目组之间的绩效差异，为决策提供有力依据。例如，在季度绩效汇报会议上，部门主管通过大屏幕展示的可视化绩效报表，向团队成员直观呈现本季度各项文化活动的参与人数、社会反馈等情况，共同分析绩效增长或下滑的原因，制定针对性的改进策略。

（四）数据洞察：智慧决策，战略领航

在数字化时代，人力资源管理系统就像一个强大的"数据中枢"，将招聘、培训、绩效、激励等各个模块产生的数据进行全面整合。成员从入职时填写的个人信息、应聘资料，到在职期间参加的每一次培训记录、获得的绩效评估结果，再到激励措施的落实情况等，所有数据都汇聚于此，打破了以往各模块数据相互孤立的局面，构建起成员完整的数字化画像。例如，通过分析成员的培训参与度与绩效提升之间的关联，能够发现哪些培训课程对成员的工作能力提升起到了关键作用，为优化培训体系提供依据；对比不同招聘渠道引入成员的绩效表现，可精准判断各渠道的人才质量，优化招聘资源投放策略。

四、组织与人的重塑

（一）敏捷组织：灵动应变，协同共进

敏捷组织中的团队犹如一支支训练有素、配合默契的特种部队，具有高

度的灵活性。面对不同的任务需求，敏捷组织中的团队能够迅速集结、重组，各成员凭借自身多元的技能与丰富经验，紧密协作，共同攻克难题。以某大型调研项目为例，来自不同专业领域的研究人员、数据分析人员、报告撰写人员等组成敏捷小组，依据项目的阶段性重点，灵活调整分工，并行推进各项任务，大大缩短了项目从启动到完成的周期，快速响应社会对调研成果的需求。

跨部门协作在敏捷组织里更是被推向了新高度，成为组织高效运转的核心驱动力。部门之间的"高墙"被彻底推倒，信息得以自由流通，资源实现共享。业务部门敏锐捕捉到的社会需求变化，即刻传递给研发部门，研发人员迅速调整工作方向；后勤保障部门同步跟进，确保物资供应及时到位；宣传推广部门提前筹备宣传方案，为项目成果的推广提供全方位支持。各部门围绕共同目标，协同发力，形成强大的合力，让组织在复杂多变的社会环境中脱颖而出，更好地履行自身职责。

（二）员工新篇：数字素养，多元发展

置身于数字化的时代浪潮之中，成员提升数字素养已成为当务之急，这是开启个人职业发展新征程的必备钥匙。数字素养涵盖了多个关键维度，从熟练操作各类数字化办公软件，如能运用项目管理软件精准把控工作进度、借助数据分析工具洞察业务规律，到深谙数字安全之道，保护组织与个人的信息资产免受潜在威胁；从利用数字平台进行高效沟通协作，打破时空阻隔实现实时交流，再到运用数字技术创新工作方式，挖掘新的业务增长点，每一项技能都是成员在数字化职场中站稳脚跟的基石。

数字化浪潮为成员带来了诸多前所未有的新机遇。远程办公成为一种常态化的工作模式，成员得以摆脱传统办公场所的物理束缚，自由选择舒适、高效的工作环境，实现工作与生活的精妙平衡。借助数字化工具，成员能够跨越地域界限，与不同地区的团队成员紧密携手，参与跨地区项目，拓宽视野，积累丰富多元的项目经验，让个人履历更加丰富。社交媒体、专业论坛等线上平台，为成员搭建了展示个人才华与专业见解的广阔舞台。成员通过在这些平台分享知识与见解，能够塑造个人品牌，吸引同行关注。这不仅有助于成员在行业内积累声誉，还可能开启更多潜在的职业发展大门，让他们拥抱充满无限可能的未来。

第二节 人力资源开发管理的国际化视野拓展

在当今全球化进程加速的时代，各个领域的交流与融合愈发深入，人力资源管理作为组织发展的关键驱动力，正面临着前所未有的机遇与挑战。随着跨国业务的频繁开展、国际合作项目的日益增多，以及不同文化背景人才的汇聚，拓展人力资源管理的国际化视野已成为必然趋势。这不仅关乎组织能否在全球竞争中脱颖而出，而且涉及能否有效整合多元人才资源，实现可持续发展。拥有国际化视野的人力资源管理，意味着能够敏锐洞察全球人才市场动态，精准把握不同文化下人才的特质与需求，灵活运用先进的管理理念与方法，跨越国界、文化的界限，为组织搭建起高效协同的人才团队。接下来，让我们一同深入探讨如何切实拓展人力资源管理的国际化视野，开启这一极具价值的探索之旅。

一、知识领航：汲取国际前沿理论养分

（一）学习国际化人力资源管理理论的重要性

在人力资源管理迈向国际化的征程中，深入学习国际化的人力资源管理理论知识犹如点亮前行的灯塔，具有无可比拟的重要性。一方面，它是提升专业素养的关键基石。系统且前沿的理论学习能够帮助我们精准把握国际人力资源管理的核心要义、原则与方法，让我们站在巨人的肩膀上，对人才招聘、培训开发、绩效管理、薪酬福利等各个模块有更为深入、透彻的理解，进而在实际操作中做到游刃有余，展现出专业的水准。例如，掌握国际先进的绩效评估模型，便能更科学地衡量员工在跨国项目中的贡献。另一方面，这些理论知识是实践创新的智慧源泉。面对复杂多变的国际业务场景，新的理论观点能够启发我们突破传统思维定式，探索出契合多元文化环境与全球化需求的人力资源管理新模式。

（二）获取国际化人力资源管理知识的途径

如今，获取国际化人力资源管理知识的途径丰富多样，为我们开启了

知识宝库的大门。学术教育是其中一条坚实的路径，国内外高校精心设置的人力资源管理专业课程中有诸多涉及国际领域的精华内容。国际人力资源管理、跨文化管理、全球领导力等课程，从不同维度深入剖析跨国人力资源运作的奥秘；而在案例分析、模拟演练等实践教学环节，又能将抽象理论具象化，让学生仿若置身真实的国际职场，积累宝贵的经验。同时，职业培训以其强针对性与实用性备受青睐。大型机构内部培训机构、专业培训机构以及国际组织举办的各类培训课程及研讨会，聚焦当下热点难点问题，分享国际前沿实践案例，助力学员快速掌握最新行业动态与实操技巧，实现知识的即时更新与应用转化。在线学习平台更是打破时空束缚，以海量资源满足个性化学习需求。无论是知名高校的公开课程，还是行业专家的专题讲座、专业论坛，手指轻点间，便能开启知识探索之旅，与全球前沿思想接轨。阅读经典著作、学术期刊也是必不可少的环节，它们沉淀着深厚的理论根基与创新探索，持续滋养着我们的专业知识土壤，为我们的国际化视野拓展提供持久续航力。[①]

二、交流赋能：海外学习与学术互动的力量

(一) 海外学习与交流的机遇

海外学习与交流恰似一扇通往广阔天地的窗口，为人力资源管理工作者带来了无可比拟的机遇。置身于异国的学习环境，亲身领略不同教育体系的独特魅力，能让我们深度融入当地文化，近距离接触全球前沿的学术资源与先进实践案例。在国际知名学府的课堂上，汇聚着来自世界各地的优秀师生，他们带来多元的思维碰撞与观点交锋，不断拓宽我们的认知边界。例如，参与欧洲顶尖院校的人力资源管理相关课程，能实时了解到在公共服务创新、人才培养模式等方面的最新理念与实践，这些一手经验在本土是难以获取的。而国际学术会议和交流活动则宛如知识的盛宴、人脉的集聚地。全球各地的专家学者、行业资深人士齐聚一堂，分享各自在人力资源领域的最新研究成果、实践经验与前瞻性见解。

---

① 姚永亮. 大数据时代人力资源管理变革新思路 [J]. 中国市场 ,2023(35):87-90.

(二) 参加国际学术会议的益处

参加国际学术会议益处颇多。一方面，能让我们紧跟当下人力资源管理领域的最新研究动态，了解诸如数字化在人才选拔中的创新应用远程团队协作的新模式等前沿话题，确保自身知识体系始终处于更新前沿。比如，在一场聚焦数字化转型的人力资源会议上，我们可以知晓如何运用大数据精准分析人员潜能，为个性化职业发展规划提供有力支撑。另一方面，这是绝佳的人脉拓展契机——与不同国家、不同背景的专业人士交流互动，有可能结识未来的合作伙伴、学术导师，或者开启新工作局面的引领者。想象一下，在会议的交流环节，与国际知名机构的人力资源负责人深入交谈，探讨在跨文化团队整合方面的经验，不仅能收获宝贵建议，还可能碰撞出合作的火花，为日后的项目合作、知识共享奠定基础。

三、文化融合：搭建跨文化沟通的桥梁

(一) 理解并尊重文化差异的意义

在全球化浪潮下，组织内部汇聚了来自五湖四海、不同文化背景的人才，宛如一座丰富多彩的文化大观园。理解并尊重文化差异，成为开启这座大观园的关键钥匙，其意义重大。不同国家和民族孕育出各具特色的文化，从价值观层面看，有的文化强调个人成就与自我实现，追求独立自主、展现个性风采；而有的文化更注重集体利益与团队荣誉，将个人发展与集体紧密相连，为集体目标共同奋进。在沟通风格上，也存在显著差异，部分文化倾向于直截了当地表达观点，清晰明确，使信息快速传递；而另一些文化则委婉含蓄，话中有话，需仔细品味方能领会真意。在工作态度方面，有的地区倡导拼搏奋进、争分夺秒，视加班为常态；有的地方则推崇劳逸结合、张弛有度，注重工作与生活的平衡。

(二) 培养跨文化沟通能力的方法

面对如此多元的文化碰撞，培养自身跨文化沟通能力至关重要。首先，要提升文化敏感度。主动学习不同文化知识，深入了解其风俗习惯、宗教信

仰、历史传统等方面，练就一双敏锐洞察文化差异的眼睛，提前预判潜在的沟通障碍。在交流过程中，专注倾听对方话语，捕捉言语背后的文化内涵，留意肢体动作、眼神交流、表情变化等非语言信息所传递的微妙情感，做到心领神会。其次，灵活调整沟通方式是必备技能。依据对方文化背景，适时切换直接或委婉的表达策略，选择恰当的沟通时机与场合，运用通俗易懂、贴合对方文化习惯的语言交流，让沟通顺畅无阻。遇到意见分歧时，以开放包容的心态换位思考，求同存异，寻找双方利益契合点，携手达成共识。

在一场跨国合作项目的研讨会上，来自东方文化背景的成员发言较为谦逊含蓄，着重强调团队协作成果；而西方成员则直接阐述个人在项目中的关键贡献与创新想法。此时，具备跨文化沟通能力的组织者便能敏锐察觉差异，一方面肯定东方成员顾全大局的团队精神，另一方面认可西方成员的个人创造力，引导双方相互学习借鉴，使研讨会在和谐融洽的氛围中高效推进，为项目顺利开展奠定坚实的基础。

四、技术驱动：搭乘数字化转型快车

(一)大数据技术在人力资源管理国际化中的作用

大数据技术在人力资源管理国际化进程中扮演着智慧中枢的角色。通过收集、整合与深度分析海量的人员数据，大数据技术能够精准洞察全球人才动态趋势。一方面，在人才选拔环节，依据大数据对不同地区、不同领域人才供需状况的精准分析，人力资源管理者得以提前规划，精准定位稀缺人才所在，制定极具针对性的选拔策略，大大提高选拔效率，确保在全球人才竞争中占据先机。例如，借助大数据分析了解到某新兴领域专业人才在特定区域集中，相关组织便可迅速调整选拔重点，加大在该地的选拔力度。另一方面，在人员培训与发展领域，大数据能够通过分析人员的学习轨迹、绩效表现等信息，敏锐发现人员的技能短板与发展潜力，进而为其量身定制个性化的培训方案，实现人才培养的精准发力。就像通过分析人员在跨国项目中的工作数据，精准推送与之匹配的跨文化沟通、国际业务规范等培训课程，助力人员快速成长为适应国际化工作需求的复合型人才。

（二）人工智能技术为人力资源管理带来的变革

人工智能技术为人力资源管理带来了智能化变革。智能选拔系统利用自然语言处理、机器学习等前沿技术，实现了选拔流程的自动化与智能化。它能够快速筛选海量资料，精准识别与岗位要求高度契合的候选人，不仅节省大量人力物力，还大幅缩短选拔周期。在跨国选拔中，面对不同语言、不同格式的资料，智能选拔系统能够迅速提取关键信息，公正客观地评估候选人，确保不错过任何一位潜在的优秀人才。而智能培训系统更是打破传统培训的时空限制，通过虚拟现实、模拟仿真等技术，为人员营造出身临其境的学习场景。比如，为从事国际交流工作的人员提供沉浸式的跨国交流模拟训练，让他们在虚拟环境中反复练习，积累实战经验，提升应对复杂国际工作场景的能力。

数字化技术在人力资源管理国际化中的应用前景愈发广阔。随着技术的不断迭代升级，我们有望迎来更加智能、高效、个性化的人力资源管理新时代。或许，在不久的将来，基于区块链技术的人才认证体系将广泛建立，确保全球人才资质真实可靠、可追溯，为跨国人才流动提供坚实保障；又或许，借助量子计算强大的数据处理能力，能够实现人力资源决策瞬间优化，精准匹配全球人才与工作需求，助力组织在国际化进程中稳步前行。数字化技术与人力资源管理的深度融合，必将持续赋能组织，使组织在全球舞台上展现更加夺目的光彩。

参考文献

[1] 任康磊 . 人力资源量化管理与数据分析 [M]. 北京 : 人民邮电出版社 , 2019:24-25.

[2] 张思星 . 人力资源管理实务操作与案例精解 [M]. 北京 : 中信出版集团 , 2021:37-38.

[3] 任康磊 . 人力资源管理实操从入门到精通 [M]. 北京 : 人民邮电出版社 , 2018:41-42.

[4] 闫培林 . 人力资源管理模式的发展与创新研究 [M]. 南昌 : 江西高校出版社 , 2019:33-34.

[5] 徐斌 , 王一江 , 李萌 . 人力资源管理导论 [M]. 北京 : 人民邮电出版社 , 2020:29-30.

[6] 赵志伟 . 人工智能对人力资源管理的影响及应用对策分析 [J]. 人才资源开发 , 2019(16):64-66.

[7] 房鑫 , 刘欣 . 论人工智能时代人力资源管理面临的机遇和挑战 [J]. 山东行政学院学报 , 2019(4):82-83.

[8] 刘潇 . 信息化背景下人力资源管理的改革和创新 [J]. 老字号品牌营销 , 2022(24):59-62.

[9] 黄蔚芳 . 信息化背景下企业人力资源管理模式创新研究 [J]. 商场现代化 , 2022(7):93-94.

[10] 赵梦娣 . 信息化背景下企业人力资源管理模式创新研究 [J]. 老字号品牌营销 , 2022(7):66-67.

[11] 林萍 . 信息化背景下人力资源管理的改革和创新 [J]. 老字号品牌营销 , 2022(6):57-58.

[12] 于美洋 . 信息化背景下企业人力资源管理模式创新研究 [J]. 企业改革与管理 , 2021(8):88-89.

[13] 刘旭辉.信息化背景下人力资源管理的改革和创新 [J].环渤海经济瞭望,2019(9):95-96.

[14] 刘堃.信息化背景下人力资源管理创新发展研究 [J].现代国企研究,2019(10):79-80.

[15] 俞建增.建筑企业经济战略和人力资源管理优化整合的几点思考 [J].财经界,2023(19):71-72.

[16] 刘亚梦,宫成轩.现代商贸流通业发展进程中的人力资源管理探讨 [J].内蒙古科技与经济,2022(18):55-56.

[17] 张雪.大数据环境下战略性人力资源绩效管理与员工激励研究 [J].中外企业文化,2022(9):74-75.

[18] 郭永梅.基于新经济背景下企业人力资源经济管理的思考 [J].今日财富(中国知识产权),2023(12):94-95.

[19] 李惠芳.新经济背景下事业单位人力资源经济管理创新路径研究 [J].市场瞭望,2023(23):87-88.

[20] 杜雨芳.人力资源经济管理工具在企业中的运用研究 [J].全国流通经济,2022(36):63-64.

[21] 尹婷婷.新时代背景对人力资源经济师职业的影响 [J].营销界,2022(15):88-89.

[22] 崔乃文.数字信息化时代对企业人力资源经济师的影响分析 [J].企业改革与管理,2021(19):77-78.

[23] 麦兴云.信息化下人力资源经济师职业发展路径 [J].中国市场,2021(17):96-97.

[24] 张承军.试论人力资源经济师的特殊性与广泛性 [J].今日财富,2019(14):84-85.

[25] 王博扬,卞亚南,宋晓江,等.国有企业人才薪酬激励机制初探 [J].中国石油企业,2024(8):81-82.

[26] 邓君.企业人力资源薪酬管理中构建薪酬激励机制的策略研究 [J].现代商业研究,2024(12):77-78.

[27] 邱春艳.企业人力资源薪酬管理中构建薪酬激励机制的策略 [J].大陆桥视野,2024(5):80-81.

[28] 陈曦. 某企业核心技术人才薪酬激励机制设计研究 [J]. 中国集体经济, 2024(12):57-58.

[29] 丁艳萍. 优化薪酬激励机制, 提升人力资源管理效果 [J]. 人力资源, 2024(8):96-97.

[30] 范利红. 企业人力资源薪酬管理中构建薪酬激励机制的策略研究 [J]. 全国流通经济, 2024(7):68-69.

[31] 申彤欣. 大数据背景下企业人力资源管理创新研究 [J]. 中国市场, 2024(35):76-77.

[32] 邢永龙. 基于大数据的企业人力资源绩效管理创新研究 [J]. 现代商业, 2024(7):82-84.

[33] 卢雅妃. 共享经济视角下企业人力资源管理创新模式研究 [J]. 商场现代化, 2024(6):99-101.

[34] 阮淑娟. 基于大数据的企业人力资源绩效管理创新研究——以 A 企业为例 [J]. 企业改革与管理, 2023(23):94-95.

[35] 窦微, 姜佩含. 数字经济对企业人力资源创新绩效管理的影响研究 [J]. 商场现代化, 2023(22):71-72.

[36] 刘一心, 张淼, 华欣然, 等. 基于大数据的企业人力资源绩效管理创新 [J]. 商场现代化, 2023(20):97-99.

[37] 李宁宁. 基于人工智能时代企业人力资源管理工作模式的创新升级 [J]. 商场现代化, 2023(18):73-74.

[38] 杨蓓. 互联网时代企业人力资源绩效管理创新方法分析 [J]. 全国流通经济, 2023(13):67-68.

[39] 张光磊, 彭坤, 陈丝璐, 等. 集体主义人力资源实践对员工亲组织不道德行为的影响研究 [J]. 天津大学学报 (社会科学版), 2023(2):88-89.

[40] 仲理峰, 马玉, 陈寒寒, 等. 高绩效人力资源实践对员工情感承诺和组织公民行为的影响: 组织自豪的中介作用和传统性的调节作用 [J]. 新经济, 2022(5):95-96.